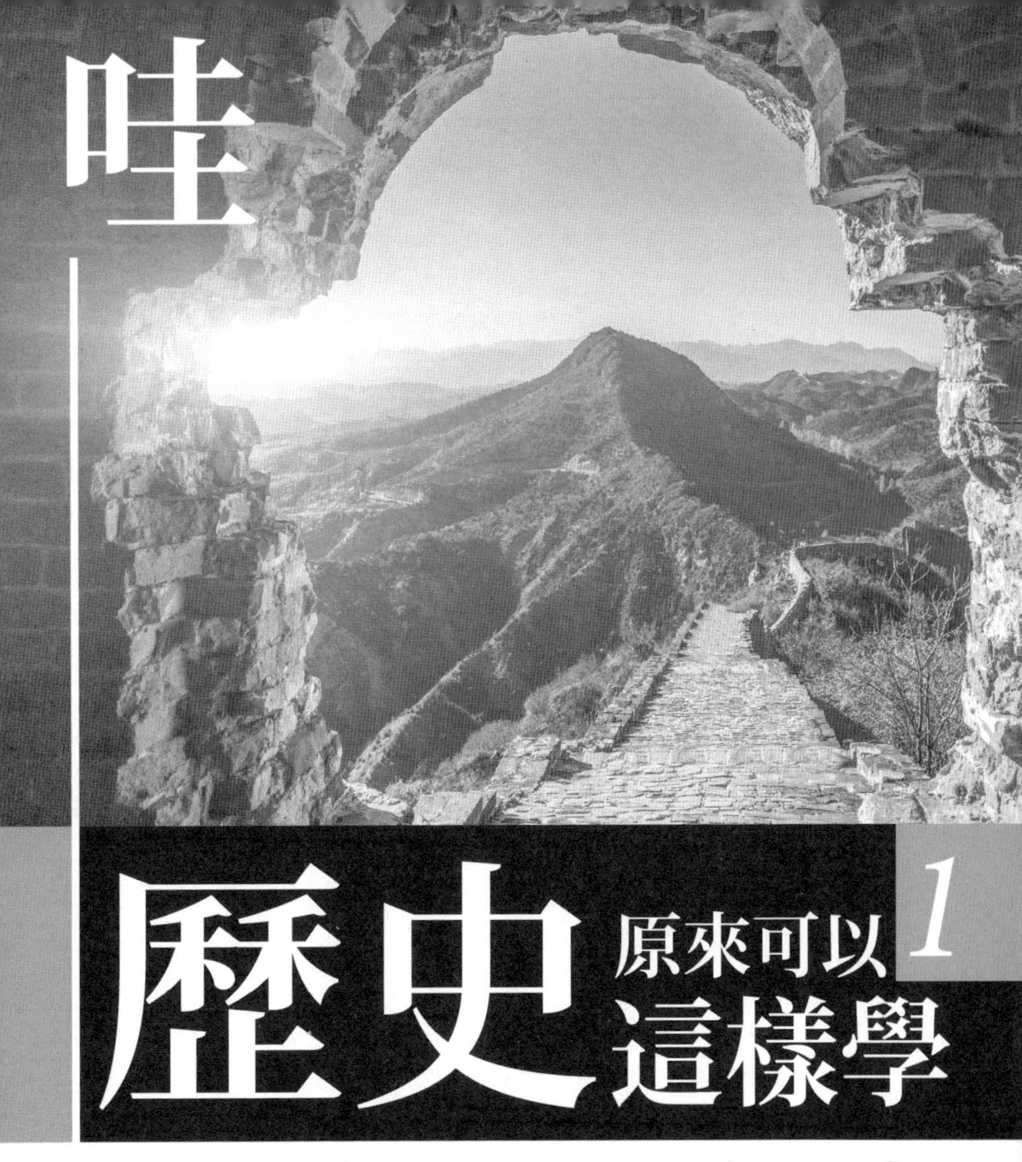

哇　歷史原來可以這樣學 1

史前到魏晉南北朝

五南圖書出版公司 印行

林欣浩／著

目次

火焰和頭骨的祕密——

北京人和山頂洞人

一

在北京市西南的周口店鎮附近有一座荒山，清朝時，附近百姓在山上發現了一種奇怪的石頭，老百姓以爲這種東西是龍的骨骼，「龍骨」恰好是中醫裡一味珍貴的藥材，於是有很多百姓去這座山上挖掘「龍骨」，賣到中藥鋪裡賺錢，這座山因此被稱爲「龍骨山」。

一八四〇年鴉片戰爭以後，很多外國考古學家、古生物學家湧入中國。外國學者們發現，中國人所說的「龍骨」其實是珍貴的古生物化石，應當好好保護起來。一九二一年至一九二七年，考古學家先後三次在此發現三枚人類牙齒化石。

一九二九年十二月，中國考古學者裴文中發掘出第一個完整的頭蓋骨，他斷定這是遠古人類的遺骨；一九三六年，賈蘭坡發現三個古猿人類頭蓋骨，這群古人類，被我們稱爲「北京人」。

當時一些學者認爲「北京人」是中國人的祖先，現代學術界有另一種觀點，認爲中國人的祖先可能來自於非洲，北京猿人的後代已經滅亡了。

但「北京人」仍舊是重要的發現，重要的發現有兩個：一是北京人有使用火的痕跡，二是發現了北京人的頭蓋骨。

為什麼這兩個發現很重要呢？

先說使用火。

按照達爾文演化論的觀點，人類不是神靈創造的，而是從遠古時代的古猿（和現代的猴子、猩猩、猿不一樣）演化過來的，這個演化過程非常緩慢：古猿演化了足足幾千萬年，才一點一點變成今天人類的樣子。

我們不難感受到，人和動物相比有很多獨一無二的特性：人類有智慧、有思想、有感情。既然古猿的演化過程非常緩慢，那就出現了一個有趣的問題：古猿到底演化到了哪一步，才算是告別了動物身分，產生了獨一無二的人性呢？

這個問題關係到我們如何定義「人類」。有人說，「語言」是人類區別於動物的標誌。這話滿有道理，可是語言到底是什麼時候產生的，這很難靠化石來考察呀！後來，人類學家發現了一個滿不錯的標準：使用火。

為什麼火這麼重要呢？

在自然界，火是一個超級有用的東西，甚至可以稱為「遠古時代的核武器」。一個人的力量很小，空手打不過野獸，但只要手裡有一個火把，就算最凶猛的野獸也不敢靠近，這就是說，一個火把能把人類的戰鬥力瞬間提升好幾倍、幾十倍——遊戲裡的極品裝備也不過如此吧！

火的用處有好多。寒冷、飢餓、疾病、猛獸是對原始人最大的幾個威脅，火可以讓人類在寒冷的天氣裡取暖，可以對有細菌的飲食消毒，可以讓很多無法下嚥的食物變得能夠食用，可以延長肉食的存放時間，也可以替人類驅除野獸。看似普通的火，讓古人類各方面的生存能力都提高了一大截。別說古人了，我們今天大部分的電能來自於煤炭燃燒，汽車、飛機的動力都來自於石油燃燒。要是今天沒有火，電燈不會亮，汽車不會動，電腦、手機都無法運轉，人類文明馬上就回到原始時代了。

沒有火，就沒有人類文明。

更重要的是，火不是隨便什麼動物想用就能用的。

看看大自然裡，幾乎所有的動物都怕火，哪怕是最凶猛的野獸也不敢靠近火焰。這是因爲火是一種很難駕馭的東西。它不能直接去碰，飄忽不定，難以捉摸。你想用它的時候嘛，一不小心它就會熄滅。你想躲避它的時候嘛，說不定它又會釀成火災。動物沒辦法預測、控制火蔓延的方向，有時候烈火一燒一大片，動物稍有不慎就會被燒死。在動物的眼裡，火焰簡直就是恐怖的惡魔，還是遠離爲妙。

動物要是沒有足夠的智力，就不可能控制火焰。所以你看歐美的奇幻故事裡，魔法師的能力千奇百怪，但大部分都會使用火球術——在古人的眼裡，會操縱火焰就是智慧的象徵。

當古猿開始利用火焰的時候，說明這群古猿的智力已經超越了世界上的其他動物，有資格稱爲「全球最聰明」了。

這樣的古人猿，夠格叫做「人類」了吧？

這就是北京人厲害的地方。

北京人並不會鑽木取火，他們只會使用天然火，就是把大自然中因爲雷擊等原因出現的野火帶回到山洞裡，妥善保管起來。

不要以爲這很容易，保存火種也得有技術——你必須知道哪些植物容易燃燒（很多植物並不容易點燃）；知道如何讓火焰既不會熄滅又不會隨便蔓延；知道如何根據需求控制火苗的大小，以便不浪費有限的燃料——我敢說，把你我扔到野外，我們未必會比北京人做得更好。

會使用火，說明北京人已經有相當的智慧，要知道，北京人距離我們可有七十萬年的歷史，而華夏文明，從最早的夏朝到今天也只不過四千多年。打個比方，如果用一棟五層樓高的樓房高度代表北京人的歷史，那麼整個華夏文明的歷史，只有一把直尺那麼高。

如此古老的人類就已經這麼聰明了，足以稱得上是件了不起的事。

二

那北京人的頭蓋骨又有什麼了不起的呢？

了不起的地方在於難得。

古人猿距離我們的年代太久遠，哪怕只留下一兩塊小骨頭就已經非常難得了，譬如：比北京人更早的元謀人，其實只是發現了兩顆牙齒而已，但是在周口店，中國的考古學家發現了完整的北京人頭蓋骨，而且不是一個，前前後後共發現了五個。

這些頭蓋骨可以告訴我們非常多的資訊，我們因此能推測出當年的北京人長的是什麼樣子，能知道北京人的大腦容量有多大，甚至可以用現代的基因技術來鑑定一下北京人到底是不是中國人直系祖先。在全世界範圍內，北京人頭蓋骨都是極爲難得的珍貴文物。

人們第一次發現北京人頭蓋骨是在國民政府的時候，這個消息一公布，立刻引起了國內外的注意。除了當時的國民政府決定下大力氣考古外，美國的洛克菲勒基金會也願意出錢資助。

美國人願意出錢當然是好事，但是在那個年代，有很多外國人在中國從事掠奪文物的勾當。出於種種考慮，國民政府在接受資助前先和美國人簽訂了協定：挖掘出的一切化石和文物都是中國的國家財產，必須永遠留在中國。

這是個非常合理，也是非常有必要的協議。可是誰又能想到，恰恰因爲這個協議，最終導致了北京人頭骨的丟失呢？

且說在隨後的幾年中，在國民政府和美國的支持下，中國的考古學家在周口店又發現了很多珍貴的化石和文物。透過這些文物，我們知道了北京人當年使用什麼樣的工具，吃什麼樣的食物，生活在什麼樣的環境裡。

除此之外，還有更大的收穫。

考古學家們在龍骨山的山頂又發現了另一處有古人類化石的洞穴。這個洞穴因爲處於山頂，所以被稱爲「山頂洞」，裡面的古人類被稱爲「山頂洞人」。

山頂洞人相比北京人距離現在的年代要近很多，文物中蘊含的訊息也更豐富。山頂洞人的生活和近現代發現的原始部落已經很像了。和發現北京人的龍骨山一樣，山頂洞裡也發現了極爲寶貴的頭骨。

北京人和山頂洞人化石是全人類珍貴的寶物，它們本應該超越民族和國家的界限，成爲全人類共有的財富。

但當時的歷史環境不允許。

一九三七年七月七日，日本侵略者在北京市（當時稱爲「北平」）西南的盧溝橋發動了「七七事變」。二十多天後，日軍占領了北京，全國範圍的抗日戰爭爆發了。日軍占領了北京，考古工作只好中斷。位於北京的考古機構被迫遷往南京，但是北京人和山頂洞人的頭蓋骨化石卻留在了北京。

這樣做，是爲了保護化石。那個時候全中國都陷入了戰爭狀態，誰也不知道日本人會侵略到哪裡，誰也不知道抗日戰爭什麼時候才能結束。在國破家亡的緊要關頭，考古工作自然變得不那麼重要了。一個小小的考古機構連自身都難保，又怎麼可能在連綿的戰火中保護好珍貴的化石呢？

所以考古工作者們決定：把北京人和山頂洞人的化石存放到由美國洛克菲勒基金會建立的北京協和醫院裡。那時日本和美國還沒有開戰，日本人無權進入美方所有的協和醫院，化石自然是安全的。

就這樣，化石一直存放到了一九四一年。

一九四一年，抗日戰爭進入到第四個年頭，國際形勢發生了很大的變化。日本和美國的關係越來越緊張，很多人都猜到日、美之間難免一戰。這時，中方有人想起了存放在北京的化石，擔心這些化石可能會落到日本人的手裡。爲此，中方幾次向美國提出要把這些化石運出北京，運到美國保存。

按說那個時候，日、美還沒有開戰，在北京的美國人可以自由地離開中國，帶出頭蓋骨化石並不是什麼難事，但是這時出現了一個極爲尷尬的情況：當時的北京在名義上屬於汪精衛的漢奸政權——中華民國臨時政府。按照當年的中、美協定，所有的北京人和山頂洞人化石都是中國政府的財產，這樣一來，存放在北京的化石在理論上也屬於「汪僞政府」的財產了，如果美國人公開把化石帶出中國，日僞的海關完全可以「合法」地把化石沒收。

想要把化石順利地運出來，只能採用一種手段：走私。

因爲種種原因，直到一九四一年底，美方才同意把化石和文物偷運出來，計畫先存放在紐約的自然歷史博物館，等到抗戰勝利後再還給中國。運送者用極爲精細的手法包裝好全部頭骨和大量珍貴的化石。爲了掩人耳目，這些化石以美國軍醫私人行李的名義，由美國海軍陸戰隊護衛運送。隊伍離開北京到達秦皇島港，打算在一九四一年十二月八日登上美國郵輪，直抵美國。

歷史上有些事，巧合得讓人難以捉摸。

預定登上美國郵輪的時間是十二月八日，偏偏就在同一天的凌晨兩點（北京時間），日本人在地球的另一端偷襲了珍珠港，向美國政府全面開戰。那艘來接人的美國郵輪剛剛接近中國，就由於日本軍艦的追擊而沉沒。同一時間，日軍突襲了駐紮在秦皇島的美國海軍陸戰隊，化石的護衛全都成了俘虜。

從此以後，包括日本軍方在內，沒有人知道這批化石的下落。

直到今天，全世界的考古學家還在尋找這批化石。

關於這批化石的傳言有很多，有人說就埋在北京日壇公園裡，有人說埋在秦皇島，有人說在日本的沉船「阿波丸」上，有人說在紐約，甚至還有人說在日本皇宮裡，然而大部分線索都是捕風捉影。其中希望最大的是沉沒在福建以東海域的「阿波丸」上，但因爲打撈難度太大，這艘沉船至今無法被徹底搜查。北京人和山頂洞人頭蓋骨的遺失成了人類研究史上的巨大遺憾。如今保存在周口店遺址博物館裡的，只是北京人頭蓋骨的「複製品」。

為什麼人類不養老虎當寵物？——

原始的農耕生活

在我們的生活裡有個常見的觀念：凡是「純天然」的產品都比「人工」的好。大到人參、靈芝這類名貴中藥材，小到豬肉、雞蛋這類日常食物，都是如此。就連化妝品、沐浴乳這些衛浴用品，也都個個宣稱自己的產品原料「百分之百純天然」。

說「純天然」一定比「人工」好，其實沒有什麼道理。

古人只吃「純天然」的藥物，可是靠這些藥物根本治不好肺炎、肺結核等感染類疾病。這類病在中國古代都屬於絕症，只能靜養等死。在今天，我們平時遭受感染根本不當回事，是因爲我們有了人工合成的抗生素。這說明在有些情況下，「人工」要比「純天然」更好。

但是中國人自古以來都崇拜「純天然」。這種「純天然」的情結，歸根結底來自於古人類對於自然規律的一種想像：認爲人和自然萬物之間有一種神祕的連結，比如：原始部落有生吃猛獸內臟、佩戴猛獸頭骨的習俗，認爲自己能因此得到猛獸的力量。

這種情結直接影響到中國傳統的哲學觀。中國古人長久以來都認爲大自然和人類之間的關係是完美的、和諧的，大自然原本的樣子最符合人的本性。因此，天然的食物就是最理想的食物。即使今天，許多人仍持有這種觀點，比如：認爲土裡的白菜、蘿蔔、黃瓜，直接拔出來洗洗就吃，說這是最健康的；要是送到工廠裡，磨碎了，加了人工添加劑，製作成餅乾，送到超市裡，就說不太自然、不太健康了。

中國的道家、儒家、佛家的學者都相信這個說法，他們用不同的方式主張過「天人合一」。

然而，他們錯了。

中國古代的那些學者們不知道演化論，不知道人類和大自然還有一個演化的過程。

比如：我們今天吃的麥子就和它的祖先大不一樣。原始的麥子結出來的麥粒又少又難吃，麥粒成熟以後也不像今天那樣結成沉沉的麥穗，而是會自動掉到地上。因爲只有這樣，麥粒才可以生根發芽，繁衍出下一代。但是掉到地上的麥粒很難被人類收集，原始人在種植麥子的時候，刻意選擇那些麥粒大又好吃、成熟後麥粒不會掉落到地上的品種，久而久之，麥子才變成了今天我們熟悉的樣子。這樣的麥子再種到野外，是沒法存活的。

再比如：豌豆和油菜的祖先是外貌普通的雜草，萵苣（萵筍）的祖先有毒，它們的野生狀態都沒法食用。

再比如：今天的綿羊長得很可愛吧？四肢短小，性格溫順呆萌。這樣的動物，是怎麼在遍布猛獸的大自然裡生存下去的呢？其實在被人類馴化之前，綿羊根本不是現在的樣子。綿羊祖先的長相和現在的野生山羊差不多：有堅硬彎曲的長角，身上的毛並非白色而是棕色，毛又短又硬，警惕性很高，奔跑能力強，勇猛好鬥，牠那硬角能輕而易舉地把人頂翻。

不僅是綿羊，人類飼養的所有家禽、家畜，什麼雞啊、豬啊、狗啊，原本都凶猛狡猾。原始人在養牠們的時候，故意挑那些肉多、味美、性格溫順、長相可愛的飼養，所以這些動物就變得越來越貪吃貪睡，缺乏警惕性，還特別喜歡裝可愛，再放回到大自然裡已經無法生存了。

許多養生學家講究「追求自然」，殊不知我們今天吃到的每一種「純天然」食物，其實都是原始人類改造過的版本。在大自然看來，這些動植物都是沒有生存能力的異類，早就是徹頭徹尾的「不自然」了。

二

沒有這些「不自然」的動植物，就不會有人類文明。

原始人類，譬如北京人和山頂洞人，他們的覓食方式和動物是一樣的：直接從大自然裡拿。這種模式被人類學家稱爲「採集—狩獵」模式：部落中的男性負責獵殺動物，女性和老弱者負責採集植物果實。

在現代生活中，有這樣一種說法：許多女性的尋路能力比較差，缺乏方向感，男性正好相反，這種性別差異就和原始人的「採集—狩獵」模式有關。人類的男性祖先要去很遠的地方打獵，需要識別獵物逃跑的方向，還要記住回家的路，經過不斷地演化，男性有了較強的尋路能力；女性不遠離居住點，沒有尋路的必要，因此方向感比較差，但女性爲了能更好地採集果實，記住物品位置的能力特別強，所以女性比男性更善於整理屋子。

對於原始人來說，「採集—狩獵」模式有個大問題：食物來源太不穩定。也許今天運氣好，打到了一頭野豬，吃都吃不完，也有可能連續幾個月什麼動物都沒有獵到。這種模式嚴重影響了人類的生存：一頓飯吃撐了意義不大，但要是連續餓上十幾天，就會有生命危險。

後來，原始人發現可以種植植物和飼養動物，這種模式下食物的來源變得穩定多了。經過無數代人類的種植、飼養和篩選，最終人類選育出了容易種植的穀物、蔬菜，以及容易養育的家禽、家畜。

這個過程是人類對大自然的馴化：既馴化了動物，也馴化了植物。

直到今天，我們仍舊沒有停下馴化生物的腳步。雜交水稻、太空船攜帶種子接受射線輻射、培育基因改造作物，這都是在馴化物種。這是以人爲改變種子的基因，以便篩選出更適合人類使用的後代。

馴化對於人類文明的意義非常重大。

第一大好處，是人類可以吃的食物變多了。

我們知道，動物最關心的是吃飯這件事，大部分時間都用來覓食，原始人也不例外。

從本質上說，吃飯就是攝取能量。大自然中存在著各種形式的能量，其中含量最豐富、取之不竭的是太陽能，可是人類又不能直接吃太陽光，那怎麼辦呢？這就要靠動植物來作中介。

可食用的動植物對於人類來說，是一種「能量轉換器」。綠色植物把太陽能和土地中的有機肥，轉化成人類可以食用的澱粉和葡萄糖，以及可以用來燃燒的燃料和用來製作衣服的纖維——衣服減少了人體熱量的散失，也就等於爲人類額外提供了熱能。草食動物則把人類不能食用的花草，變成營養豐富的脂肪和蛋白質。動物還能用來耕田、拉車，幫助人類捕獵、示警，等於爲人類額外提供了動能。

人類飼養、種植的動植物越多，就意味著身邊的「能量轉換器」越多，人類可以利用的能源也就越多。前面說過火焰對人類的重要意義，火焰本質上也是在爲人類提供更多的能量來源。從這個角度說，馴化動植物和學會使用火焰的意義是一樣的。

明白了這個道理，我們就可以回答標題的問題了：「爲什麼人類不養老虎當寵物？」因爲從能量的角度講，養老虎不划算。

生物學中有個「林德曼效應」：生物A被生物B吃了，A身體裡的能量有多少能被B吸收呢？只有百分之十至百分之二十，其他的能量都被浪費掉了。比如說有一把白米，如果我自己吃了，能得到一百卡的熱量。但如果我用這些白米餵了一隻雞，我吃雞肉得到的熱量只有十至二十卡，你看這多浪費啊！這意味著，越位於食物鏈上端的生物，牠們浪費的能量就越多。所以越是生產力落後的地方，人們越是多吃植物少吃肉，這樣才能最大化地攝取自然界的能量。

我們再來看老虎。老虎位於食物鏈的頂端。能量從植物到草食動物，再到老虎嘴裡，至少浪費了兩回，浪費率達到了百分之九十九。人類養老虎無論是用來吃肉還是捕獵，所浪費的能量都極爲驚人，實在是得不償失。

實際上，人類馴養任何大型肉食動物都是得不償失的。人類普遍馴養最大的肉食動物是狗，那是因爲狗的用處極大，不僅是肉食的來源，還可以幫助人類捕獵、看家，甚至可以成爲精神的夥伴。但原始人類也捨不得餵上好的肉食給狗。在生產力低下的社會裡，人類餵給狗的都是吃剩的食物殘渣，比如：動物內臟、人類啃不動的骨頭，所以我們才有一個印象：「狗喜歡吃骨頭」——其實人家明明喜歡吃肉好不好！

三

人類馴化生物的意義還不只這麼簡單。

馴化生物還促使人類定居。

在「採集—狩獵」時代，人類和自然界食物的關係是單純的索取。人類不幫助大自然生產食物，見到什麼好吃就拿什麼。這樣一來，當人口增加到一定程度的時候，周圍地區出產的食物數量供養不了那麼多人，人類就不得不遷徙到其他地方，一片地區吃光了就再找一片地區吃，過的是居無定所的日子。

當人類開始從事農耕和畜牧以後，就從單純的食物的索取者變成了生產者。這就意味著新增加的人口不光吃食物，還能投入到勞動生產中，讓土地出產更多的食物。當生產力提高到一定水準的時候（具體來說，就是一個人生產的食物超過自己所需要的），人口增加不會帶來糧食危機，反倒會帶來盈餘，這樣，人類就沒有必要到處遷移，人口增長的速度也就快多了。

定居的好處有很多。人類在遷移中不可能攜帶龐大的設備，只有在定居以後，人類才能建造房屋，製造大型的生產工具。母親在遷移中很難攜帶更多的幼兒，在定居以後，女性可以同時養育更多的孩子，人口可以更快地增長。

馴化生物還誕生了私有制。

書本對私有制常見的解釋是：「因爲生產力提高，人們有了剩餘的財物，所以出現了私有制。」這個說法沒有問題，我們還可以更深入地理解它。

前面說過，人類狩獵的突出問題是食物來源不穩定，常常是「三年不開張，開張吃三年」，要麼好多天都打不到獵物，一旦打到獵物呢，說不定就是一個龐大的動物，一個人根本吃不完。古代沒有冰箱，也缺少醃製技術，多餘的肉很快就會腐爛掉。在這種情況下，人類互相分享食物比獨吞要更有利——反正多餘的肉不吃也浪費了，不如分給其他暫時沒有捕到獵物的獵人吃。等到有一天自己餓肚子的時候，別人也能把獵物分享給自己，這樣大家都不用挨餓了。

顯然，這個模式不允許自私的人存在。如果有人只吃別人的東西而不與別人分享自己的東西，那麼整個共用體系就要崩潰了。因此，在原始部落裡，人們很早就有了「無私」的道德觀，假如一個獵人捕獵後不分享自己的食物，他就會被部落其他的成員鄙視，在部落裡沒有容身之地，這就是原始社會公有制的來歷。

書本上說山頂洞人「使用公有的工具，共同勞動，共同分配食物，沒有貧富貴賤的差別」，指的就是這種生活，並非是因爲他們配合度特別高，而是因爲生活所迫，不採用公有制就沒法生存下去。

在人類馴化了生物以後，情形就變了。

首先，食物來源穩定，意味著沒有繼續公有制的必要。

其次，也是更重要的，種田和畜牧是一種遠期投資。種下一塊田，必須要經過幾個月的勞動才能收穫食物。這就要求人類必須擁有「私有」的概念，否則要是一個人辛苦了幾個月種的糧食，最後被其他人收割走了，那誰還會繼續耕種啊？

到了這個階段，人類想不實行私有制都不行了。

有私有制就會產生交易，於是有了商業。

交易需要計算價值，於是產生了數學。

土地交易需要丈量土地，於是產生了幾何學。耕種依賴天時，需要知道什麼時候播種，什麼時候收穫，因此產生了天文學和曆法學。

在遷徙的時代，人類遇到了敵對部落，打不過可以一走了之。在人類定居以後，定居點有自己辛勤耕耘的田地、建造的房屋，棄家而走的代價太大了，因此人類面對入侵者寧可血戰也不願意放棄家園。戰爭需要組織，組織需要統一指揮，因此產生了首領，產生了統治階層。

戰爭會有俘虜，俘虜可以用來役使，於是產生了奴隸。有了奴隸，就有了階級。統治階層不需要生產勞動，就有多餘的時間可以鑽研知識，因此產生了舞蹈、音樂、圖畫等等原始文化。

圖畫蘊含了簡單的資訊，畫得多了，就慢慢變成了文字。有了文字，人類的知識就可以積累和傳承，文明才會漸進發展。

看出來馴化生物的重要性了嗎？一開始，馴化生物只是人類爲了追求更多食物的本能行爲，但它的結果，是產生了一大堆文明的必備要素。人類文化從此一發不可收拾，開始走向不斷自我進步的道路。

元謀人、北京人和山頂洞人屬於「舊石器時代」，河姆渡人、半坡人和大汶口人屬於

「新石器時代」。

「新石器時代」和「舊石器時代」之間最重要的差別是什麼？並不是石器更精細了，而是出現了農耕和畜牧。

從這一天以後直到近代，從夏朝到清朝的漫長歷史中，農業一直是中國人最主要的生產方式。中國歷朝歷代的主要財富都來自於農業，只要農業興盛，國家就富強，百姓安康，兵強馬壯。只要農業不興，老百姓就造反，國家就打不過外敵。農業是古代社會的基礎。漢語用「社稷」一詞代表「國家」，「社」字的本意是土地神，「稷」字的本意是穀物神，意思是農業爲國家之本。

學習中國古代史，必須先了解農業之於人類、之於國家的重要意義。

父母之愛與「禪讓」的真相——

堯、舜、禹的傳說

一

在中國明朝的時候，日本處於「戰國時代」（別和中國的「春秋戰國」弄混了），當時出現了一個非常傳奇的人物，叫豐臣秀吉。

豐臣秀吉原本是一個普通農民。在當時的日本，農民連姓氏都不會有，更不用說基本的人身權利了，而且豐臣秀吉他們家在農民裡都算是最底層的，窮得叮噹響。

豐臣秀吉早年喪父，他本人長得矮小醜陋，也沒受過教育。總之，豐臣秀吉的出身簡直卑賤得不能再卑賤了，但他最後統一了日本。

豐臣秀吉靠著自己的勤奮、聰明和運氣，從社會最底層一路奮鬥，最終把全日本大大小小的貴族、官僚、軍閥都掌握在手心裡。他可以說是全日本最會玩政治和謀略的人之一。

誰都希望自己辛辛苦苦創下的家業能千秋萬代地傳遞下去，但是豐臣秀吉卻遇到了一個嚴重的問題：他的親生兒子都早夭了。

連後代都沒有，這家業該怎麼繼承呢？豐臣秀吉眼看自己行將就木，無可奈何，只能挑選了一個養子當繼承人。不得不說，豐臣秀吉還是會挑人的，無論從年齡還是能力上看，這個養子都比較理想，而且這個養子其實也不是外人，他是豐臣秀吉的外甥。

豐臣秀吉爲了培養養子煞費苦心，在世的時候就把權力讓給了他，自己退居二線。一切都很順利，但意想不到的事發生了。

在豐臣秀吉晚年，他突然生了一個兒子。

現在的問題是，豐臣秀吉該不該讓這個親生兒子繼承權力？

從理智上講，絕對不應該。因爲這個時候豐臣秀吉已經老得不行了，等他撒手人寰後，幼子還來不及長大，你讓這麼小的孩子獨掌大權，等於把他變成了待宰的肥羊，親信、重臣、軍閥都會一擁而上爭權奪力。在中國歷史上，因爲幼子繼位導致王朝內亂的例子多得數不清，日本政治家都熟讀中國歷史，豐臣秀吉不可能不知道這些前車之鑒。讓幼子繼承大權，其實就是政治自殺。

但是豐臣秀吉偏偏這麼做了。

幼子出生後，豐臣秀吉不惜殺掉養子全家和眾多大臣，硬是讓尙在襁褓中的幼子繼承大位。等到秀吉去世的時候，他的兒子只有五歲。

果然，秀吉死後不久，他的豐臣家就被其他大名推翻，他的小兒子也跟著自殺了。

豐臣秀吉是一個極爲精明的人，他費了那麼大力氣得到的權力，就因爲自己不顧一切的決定，被輕而易舉地葬送了。

是什麼導致了他喪失理智？

是基因。

前面我們提到過「演化論」。演化論說的是，我們身體中的基因決定了我們的各種生理特徵。基因可以遺傳給下一代。同時，大自然特別殘酷，大部分基因都在自然競爭中被淘汰，只有特別有利於生存、遺傳的基因，才能被保留下來。

說白了，我們的基因都有一種「讓自己努力延續下去」的本能。

比如：我們見到大眼睛、寬額頭的小貓，或者類似的卡通形象，會覺得很「萌」，很可愛。其實，「大眼睛、寬額頭」是嬰兒的特徵，人類的基因裡擁有對嬰兒呵護、愛憐的衝動，這樣才有助於延續後代。

再比如：為什麼人們都有私心，見到好的東西都想占為己有？這是因為在飢寒交迫的遠古時代，只有多占有財物的人才能生存下去。私心是基因為了保護自己所產生的本能。

為什麼天底下對你最好的人是你的父母？為什麼父母願意無條件地為子女付出一切？為什麼在生命受到威脅的時候，很多父母寧願犧牲自己，也要保護子女？這都是基因「延續自己」的本能。當一個人擁有了傳承自己基因的後代後，他會有一股強烈的衝動，把全部的資源都投入到這個後代中，盡可能增加後代的生存機會。

明白了這個道理，我們才能明白「世襲制」的根源。

在基因的驅動下，人們有一種強烈的衝動，要把自己的財產、權力留給後代。掌握權力的獨裁者也不例外，他們恨不得把全天下都當成自己家的私產，子子孫孫永永遠遠地傳遞下去。這就是「家天下」的原始動力。

二

問題是，想要「家天下」，你得先有「家天下」的能力。

要把整個天下變成自己的私產，光靠個人能力是不夠的。

獨裁者要管理一村一縣的地方，這很簡單，所有事情都由他一個人處理就是了。但要是管理好幾個省那麼大的地方，該怎麼辦呢？古代沒有飛機、火車，也沒有電話、電腦，有點什麼消息都得靠馬、船來傳遞，中國領土廣大，從這頭到那頭，騎馬快跑都要跑上好幾個月，獨裁者想要下一道命令給地方，起碼得一個多月才能收到地方的回信，這種模式下，獨裁者不可能管理地方的具體政務。

唯一的辦法，是把地方事務委託給屬下來管理。

這個模式我們非常熟悉：皇帝坐鎮首都，地方上有各種地方大臣，什麼知府啊、縣官啊……這些地方大臣去管理收稅、治水、訴訟、剿匪等等地方瑣事，皇帝只負責在大事上下命令就可以了，這皇帝當得多輕鬆呀！

但輕鬆是要付出代價的。

代價是，人都有貪財圖利的私心（想想那個拚命延續自己的基因），地方官員也不例外，只要有條件，誰都願意多占有一些財物。遙遠的地區和皇帝通個信都要一個多月的時間，皇帝對地方事務所知甚少，他怎麼能隨時監督那些和自己遠隔千里的地方官，防止他們欺上瞞下、貪汙財物，甚至起兵造反呢？

要預防「地方官貪汙和獨立」的問題，這需要制定極爲複雜的制度，安排多方勢力互相監督和制約，還要有公正全面的考核系統、通達保密的檢舉系統、高效安全的通訊系統，簡而言之，需要一個成熟、龐大的官僚體系。一個龐大的官僚體系，又必須依賴繁重的文案工作；大量文案工作要求每個官僚都要接受足夠的文化教育；大量識字的官僚又要求國家具有強大的經濟實力和發達的教育機構。

原始人類沒那實力啊！

目前，考古學家們還沒有發現夏朝人使用文字的證據①。從已經發掘的遺跡上看，夏朝時期的文化還很落後，甚至國際學術界連「夏」這個朝代存在不存在都還有爭議。

夏朝的生產力很落後，在這個時代，想建立一個能統一中國的官僚系統是不可能的，更不用說比夏朝更早的堯、舜、禹時代了。

因此史學界一般認爲，堯、舜、禹（假如他們存在的話）不可能是整個華夏地區的統治者，他們只是某個部落的首領。當時各個部落之間有摩擦，有合作，需要有人協調，於是各個部落開會商量，大家一起推舉一個人作爲部落聯盟的首領，堯、舜、禹就是被推舉出來的。

成吉思汗統一蒙古之前，蒙古各部落就採取類似的推舉制度，這些部落開會選出的領袖稱爲「汗」。

「汗」的推舉過程當然不是公開、公平、公正的，而是充滿了勾心鬥角——當上領袖能爲自己和部落謀取更大的利益，人們都會爭著搶著去當。

因爲「汗」是推舉產生的，所以「汗」並不是傳統意義上的帝王。「汗」的權力有

---

①二里頭遺址發現陶片上有一些簡單的刻畫符號，有些人認為這是最原始的文字，但由於符號太簡單，不可能描述複雜的資訊。

限，並非獨裁者，更像是盟主或是調停人。他負責維護各部落之間的秩序，如果他侵犯了其他部落的權益，其他部落也有可能會推翻他。因爲權力有限，所以「汗」也沒有能力指定自己的子女爲繼承人。他只能在退位的時候向其他部落舉薦繼承人，至於該人能不能繼承，那就要看部落大會同不同意了。

這個「推薦繼承人」，恐怕就是堯、舜「禪讓」的眞相。

用現代的例子再打一個比方。這就好比在學校裡，一群有共同愛好的學生組成了一個社團，學生嘛，誰也不可能去領導其他同學，但是社團總需要有人帶頭辦活動，於是大家只能採取推舉的辦法——大家坐在一起商量，選出一個社長來。這個社長畢業了，必須離開社團了，社團裡剩下的成員就要繼續開會，繼續推選新的社長。前任社長在離開之前，也可以推薦自己看中的繼任者，供大家參考。

自然，我們不能認爲這裡的社長和古代帝王是一回事；也不能因爲社長的推選過程是「大家商量」，就認爲這裡面都是和睦友善，絕無勾心鬥角；更不能因爲社長臨走的時候推薦了自己的繼任者，就認爲他大公無私，是個大聖人。

這就是「禪讓」的眞相。

認爲上古禪讓是一種禮賢下士的美德，這種說法最早來自於春秋戰國時期，以孔子爲首的那些學者。

春秋戰國是一個社會制度大變革的時代，舊的社會制度逐步瓦解，舊的道德規範被人踐踏，用白話說，就是「世道一天比一天亂」，用孔子的話說，叫做「禮崩樂壞」。生活在這個年代的人們，免不了總叨念著新不如舊，過去比現在好。既然過去總比現在好，按照這個邏輯再進一步推想，在更古老的堯、舜、禹時代，社會就應該是最美好的了。

所以孔子他們把上古時代的部落盟主推舉制度大大美化一番，想像堯、舜是出於高尚的品德，主動讓出權力的。至於「堯生活儉樸，克己愛民；舜寬厚待人，以身作則」，這些說法其實來自於孔子以及孔子之後諸學者的美化，並沒有特別的根據，當時的史書《竹書紀年》和政論《韓非子》就有不同的說法，認爲舜和禹都是透過武力取得權力的。我們按常理推想，堯、舜眞正的品行恐怕和普通的部落盟主沒什麼區別。

如果學歷史學得囫圇吞棗，可能會產生這樣的印象：禪讓制比世襲制更「先進」。原始部落還是禪讓制，到了後來改成了世襲制，這社會怎麼越發展越退步了呢？

我們要明白禪讓制和現代的選舉制有本質的不同。選舉制是在現代人有能力當獨裁者的情況下，選擇不去世襲和獨裁。而禪讓制是獨裁者有心世襲卻苦於沒有能力的妥協之舉，兩者完全不是一回事。

三

堯、舜、禹是部落盟主，那麼黃帝和炎帝是什麼呢？

我們判斷一個歷史事件是否眞實發生過，大致基於兩種資料：一種是古人的史書。古人所處的年代比我們早，和古事相差的年代比我們近，他們對古事的敘述就比今人更可靠些。比如寫《史記》的司馬遷是漢代的史官，他可以見到中央收藏的歷史資料，可以採訪當時健在的老人。時至今日，司馬遷見到的那些歷史資料和古人都已經不在了，所以他留下的《史記》便成了記錄那段歷史的最好史料。

但是古人說的話也未必可靠，古文可以僞造，古人可能犯錯，甚至故意寫錯。所以，研究歷史要遵守「二重證據法」，除了古文，還需要第二種歷史資料——文物古蹟，用文物古蹟和古人的文字記錄互相印證，這樣的結論才是比較可靠的。

根據這個標準，商代的存在是可以肯定的。因爲人們除了挖掘出大量商代的宮殿、陵墓遺址和商代器具外，還發現了大量來自於商代的文字——甲骨文。這些文字是商代人親手刻下的，講述了商代的政治和經濟情況，當時的人們稱自己的王朝爲「商」，說明商朝在歷史上的確存在過。

夏朝和三皇五帝的存在就有一些爭議了。

關於夏朝，人們今天只發現了一些遠古的遺址，知道這些遺址的年代早於商朝，但是一直沒有發現夏朝時期的文字，沒有看到那時的人稱呼自己爲「夏」。所以，我們不能證明這些遺跡是屬於夏王朝的（當然，不管它叫什麼名字，都是早於商朝之華夏文明的一部分）。

實物證據不多，我們再看看古人自己的紀錄。

關於夏朝和三皇五帝的描述，主要見於春秋戰國時的古書。可是，春秋戰國距離夏朝已經一千多年了，那時的人談論夏朝，就好比我們今天的人談論宋朝一樣，年代實在是太久遠了。他們聲稱一千多年前的夏朝如何如何，並不是很可信的。

史學家一般認爲，在華夏大地上，在商朝之前的確有文明存在，至於這個文明是不是叫做「夏」，「夏」的統治範圍到底有多大，有沒有統一華夏地區，這些問題我們就不得而知了。

夏朝已經很難確認，三皇五帝就更是傳說了。現在通常認爲，「三皇五帝」並非是一種空穴來風的神話傳說，黃帝、炎帝可能是某個原始部落的首領，或者是部落的名字，更多的細節我們就不知道了。至於說黃帝發明了種種器具，這應該只是古人對文明漸進過程的一種想像。

歷史是否存在必然性？——

夏、商、西周的興亡

一

歷史和數學、物理……一樣，都是一門學科。

你有沒有想過，歷史爲什麼也是一門「學科」？

這個問題很古怪吧？

我們知道，歷史研究的是人類過去發生過的事實，但如果歷史只是史實的簡單羅列，那它不過是把一大堆歷史事件釘在一起的資料夾。我們把這厚厚的資料夾讀過後，如果沒能總結出什麼道理來，那就只是記憶了一大堆支離破碎的事實，只是個背書機，這樣的歷史，怎麼能算是一門學科、一門學問呢？

歷史既然是學科，不單單要有史實，還必須得有自己的理論。就像是物理學不能光向學生們羅列實驗，還必須總結出各種物理定律來。

理論是什麼意思呢？意思是，我們總結出一些規律來，這些規律放到哪裡都管用，放到誰身上都管用，不以個人意志爲轉移——就好比宇宙萬物都得遵守物理定律一樣。

問題是，歷史研究的是人啊！

如果有一種歷史理論能不以人的意志爲轉移，那就意味著，有這麼一類歷史事件，無論當事人是怎麼想的，是雄才大略還是鼠目寸光，是大公無私還是蠅營狗苟，他們的所作所爲都不會影響歷史事件的結果，這就是我們在歷史課上經常聽到的「歷史的必然性」。

問題是，歷史眞的存在必然性嗎？歷史上的那些所謂的大英雄、大豪傑，其實都被歷史玩弄於股掌之中嗎？

這一章，我們就來聊一聊「歷史的必然性」。

二

周朝分爲「西周」和「東周」兩部分，「西周」在前，「東周」在後。這一章主要講的是夏、商和西周三朝，這三個朝代屬於「封建制社會」，而從秦朝到清朝這段漫長的歷史，屬於「郡縣制社會」。

這個說法是怎麼來的呢？

其實「封建制社會」和「郡縣制社會」是現在的學者爲了劃分方便，後起的名字。

好比我們在討論一個班級的時候，可以把所有學生按照成績分成「優等生」、「中等生」、「後段生」，也可以按照性別分成「男生」、「女生」，怎麼劃分都可以，就看你想以什麼角度來分析這群同學了。

我們對歷史的劃分也是這樣，理論上有無數種劃分方式，將歷史劃分爲「封建制」與「郡縣制」社會，只是眾多劃分方式中的一種。馬克思研究社會的思路很有意思，他認爲在一個社會中達到決定性作用的，是經濟——說白了，就是物資、錢，只要研究好經濟問題，就可以把握一個社會的本質。

這麼說很有道理。

舉個例子：你爲什麼要聽父母的話？爲什麼家裡的大事小情，最後都是爸爸、媽媽說了算？這和武力沒有關係。到了高中，男孩子的胳膊差不多就比爸爸粗了，但高中生還是要聽父母的話，這和法律也沒有關係。按照我國民法規定，年滿十八歲就是成人了，可是那些年滿十八歲的大學生，很多事情還是要聽家裡的安排，根本原因是經濟基礎。

上國中的孩子一怒之下不聽家長話了，離家出走！好不容易跑出家門，然後去哪裡呢？吃什麼？住哪裡呢？晃蕩了幾天，飢寒交迫，最後還是得回家。等什麼時候這個孩子工作了，經濟獨立了，這個時候家長再強施威嚴就不好用了——逼急了，孩子一生氣：我到外面租房去住！

經濟，在家庭事務中起到很關鍵的作用，大到一個國家也是如此。

剛才說馬克思注重研究經濟，更嚴格的說法，應該說馬克思注重的是「生產關係」，這個「生產關係」通俗地說有兩點：

第一，這個社會的財富都是誰生產的。

第二，這些財富的擁有者是誰。

如果這兩者不是同一個人，那麼前者就是被剝削階級，後者就是剝削階級。

比如從秦朝到清朝這段時間，中國的主要生產方式是農業，主要勞動力是農民，最有錢的人是收地租的地主，社會主要的兩個階級是農民階級和地主階級。

到了近現代，工業發達了，工業生產的財富大過農業，農業生產要全面依賴工業製造出的機械、化肥。在這樣的社會裡，主要的勞動力是工人，最有錢的人是工廠主和大商人。這樣的社會，就稱爲「資本主義社會」，社會主要的兩個階級是工人階級和資產階級——資本家——顧名思義，就是那些靠資本來賺錢的人。工廠主靠的資本是工廠，大商人靠的資本是金錢。

三

現在來重點說夏、商、西周三朝的「封建制社會」。

如果說一個社會存在奴隸，但是奴隸生產的財富在社會財富裡所占的比重不大，那這樣的社會就不屬於奴隸制社會。比如清朝電視劇裡常有這樣的情節：皇帝下命令，把犯罪的大臣全家「發往寧古塔，與披甲人爲奴」。

「寧古塔」位於今天的黑龍江省，是清朝北方的邊疆。「披甲人」是當時駐守在邊疆的士兵。這些士兵平時除了軍事訓練外，還要從事農業生產，種糧食給自己吃。那些倒楣的大臣，就要到黑龍江去爲披甲人當奴隸，可以被隨便打殺役使，這說明清朝仍舊有奴隸。可是因爲整個清朝社會的大部分財富都是普通農民生產的，所以我們不能說清朝是「奴隸制社會」。

再比如，中國古代的丫鬟、家丁地位也近似於奴隸，可以被主人任意買賣，甚至可以被打罵致死。但是這些家奴不負責農業生產，整個國家沒了他們經濟也不會崩潰，所以我們也不能說，使用家奴的時代就是奴隸社會。

夏、商、西周三朝部落戰爭頻繁。戰爭會有俘虜，該怎麼處置俘虜才會讓本族人的利益最大化呢？那個年代可不講什麼人權，也不講什麼同情心，對於俘虜最好的辦法就是「物盡其用」，盡最大可能奴役他們，讓他們過最差的生活，做最苦最累的工作，榨乾他們身上最後一點價值。

這就是奴隸。

前幾章我們說過，人類從馴化動物中獲得各種好處，如果把「馴化」的對象換成人類，這就是奴隸制了。被馴化的動物是能量轉換器，被奴役的人類也是——吃進去的是最粗糙的食物，產出的是勞動力和智慧。

前面說過，夏朝是部落聯盟。商朝的情況類似，商王也類似於部落盟主。夏、商兩朝的君主只是名義上的華夏領袖，實際上只能控制本部落，控制不了其他部落。在這兩朝中，部落和部落之間經常發生戰爭，所以每個部落都會擁有相當數量的奴隸。

奴隸制是在西周時期慢慢消失的，爲什麼會消失呢？

原因之一，是周王室對天下的控制能力變強了。

前面說過，獨裁者要統治的領土面積越大，依賴的官僚系統也就越龐大。這話還可以反過來說：國家的經濟實力越強，所能贍養的官僚越多，它能直接控制的領土也就越大。

從夏朝到西周，中間過了上千年，國家的經濟水準提升了不少，周王室不再像夏、商那樣只能當部落盟主，而是可以眞正控制整個華夏地區了。從周朝以後，中國不再有頻繁的部落戰爭，俘虜戰俘的機會變少了。

奴隸制消失的另一個原因是，奴隸制對於奴隸主來說並不划算。奴隸是被迫工作的，他們工作沒有積極性，一有機會就會偷懶、破壞生產、逃跑，甚至造反。奴隸主還要拿出很多人力物力監管奴隸，這讓奴隸主損失了不少錢。

相反地，如果能給奴隸一些物質獎勵，事情就好辦了。比如給奴隸一些人身權利，告訴奴隸，你好好工作，每個月向我交足了稅款後，剩下的錢就都是你的了。這樣奴隸們發現，工作不光是爲了奴隸主，也是爲了自己的幸福生活。那他不僅不會逃跑，還會加倍努力地多生產、多賺錢。這麼一來，奴隸主只賺不賠——反正要奴隸上交多少稅款都是奴隸主說了算，奴隸生產得多了，要交的稅款也可以相應提高，這樣奴隸主也賺得更多了。

這個模式，就是西周開始實行的農奴制。農奴是介於奴隸和農民之間的一種身分，比奴隸好在能有自己的財產，比農民差在人身權利上：農奴仍舊是貴族的私人財產，可以被領主隨意買賣。農奴只能種領主的地，他要是想去經商，或者想爲別的領主種地，都是不行的。

再到後來，貴族們發現農奴制還是成本太高——農奴是貴族的私人財產，不許自己亂跑，所以貴族還是得僱一群人去看著農奴。貴族們發現，更方便的做法是不占有勞動者人身，而是直接占有土地——反正農業生產離開土地什麼都做不了。所以再後來的貴族們不管農奴爲誰工作了，而是霸占著土地，規定誰在我的土地上種田，誰就得向我交地租。這樣，貴族就變成了地主。這就是從秦朝開始的「地主—農民」的生產模式②。

還記得剛才說的兩種人——勞動者和享樂者嗎？

古代社會從「封建社會」再到「郡縣制社會」的演變，對於勞動者和享樂者來說是一個雙贏的變化：對於勞動者來說，生活水準提高了，人身權利有保障了，甚至還有希望發財買地、讀書當官，進入上層社會，自己也有希望變成享樂者。他們的生活有了翻天覆地的變化。對於享樂者來說，他們不用再花大筆的錢僱人監管奴隸，不用再擔心奴隸破壞生產，勞動者的生產積極性提高了，單位勞動者生產的財富變多了，享樂者們能夠徵收到的財富也多了，享樂者變得更加富有了。

既然從「封建社會」再到「郡縣制社會」的變化對大家都有好處，那有什麼理由不實行呢？所以才說這個變化是歷史發展的必然。只要有些聰明的古人率先發現了這一變化的好

② 按照學術界一般觀點，中國的歷史朝代是這麼劃分：夏朝是否存在存疑，商朝是部落聯盟，周朝是「封建社會」，從秦朝到清朝是皇帝集權的「郡縣制社會」。

處，力排眾議、全力實施，天長日久，其他古人見到這麼做的好處，自然群起效仿，最後就發生整個社會的變革了。

這個歷史趨勢，自然是不以個人意志為轉移的。

四

再講一下「分封制」。

剛才說過，我們分析歷史的時候，可以按照不同的角度劃分歷史。

「封建制社會」主要研究的是社會的經濟問題，用通俗的話說，研究的是錢怎麼分配的問題。

「分封制」是研究社會的政治問題，用通俗的話說，研究的是權力怎麼分配的問題。

前面說過，因為人性自私，所以獨裁者都希望把自己的權力交給後代。但是在夏、商時代，社會生產力有限，能贍養的官僚有限，獨裁者能直接控制的領土也就有限。所以夏、商時代的獨裁者只能管自己部落的事，其他部落只能適當干涉，細節事務都管不了。這兩個王朝的地位還是接近於部落盟主。只是這盟主是世襲的，而不是大家推舉的。

等到周朝，社會生產力提高了，獨裁者終於可以控制更大領域了。不過，這個時候生產力還是有限，王室還是不可能贍養全國的官員，地方事務還需要別人來全權負責。派誰去管理呢？周王想來想去，還是親戚最信得過，於是周王把天下的領土都分封給了自己的親戚——就像分家一樣把天下給分了。

直到這個時候，整個華夏地區才是眞正意義上的「家天下」：全天下都是「周」這個家族的私產，周王是整個大家族的家長③。

周朝的這個模式，叫做「分封制」④。這個名字很好理解，就是把天下給「分」了嘛。

分封制和大家族分家很像。好比說，有一個家族占了一處大宅院。宅院太大了，一個人管理不過來，於是家長就把這個宅院分成若干個小宅子，以小家庭爲單位把這些宅子一戶戶分了出去：弟弟家一戶，姪子家一戶等等。

這樣的家族，家長和小家庭之間是什麼關係呢？

---

③ 周王室為了籠絡其他部落，也封了少數的異姓諸侯。

④ 商代和商代之前的政權已經採用了分封制，只是那時的分封制度還不完善，規模不大。

首先，家長最有威信，是所有小家庭裡說話最管用的，整個家族裡有什麼大事，都得聽家長的。但另一方面，宅子既然已經分給小家庭了，那這些宅子就是人家的私宅。人家私宅裡的事務，只要不牽扯到其他家庭，那就是人家的私事，家長沒有理由去管。

這就好比說，今天有一戶人家想要遷祖墳，這是全家族的事，不是他一個人能決定的，他必須找家族裡的人商量，由家長來定奪。反過來說，一個家族的家長就算再厲害，甚至於可以指派小輩來他們家幫個忙幹個活，但你也不能隨便進小輩的家裡，上人家裡想拿什麼就拿什麼。因爲那是人家的私宅，你家長沒權力進去。分封制也是類似的情況。

分封制裡的周王就類似於家族的家長，周王分封的諸侯類似於家族裡的小家庭。周王可以要求諸侯進貢財物，可以要求諸侯出兵幫助自己抵禦外敵，可以仲裁諸侯之間的大事，但是諸侯領地內的事務，周王就不能染指了。諸侯領地內的所有軍政大權、任免官員、處罰罪犯等事務，都是諸侯自己決定的，周王不能隨便干涉。你想去人家地裡徵個稅，或者隨便索取一塊領土過來，這些都不行。

既然諸侯的權力和土地都是他的私產，那麼諸侯死後，他的後代可以繼承這些私產。諸侯也有權力把這些私產再用同樣的方式分封給他手下的親戚、大臣，這就是「分封制」⑤。

正因爲領土、地位是可以繼承的，所以才有了「貴族」這個階級。

什麼叫「貴族」呢？所謂「族」，有「家族」、「族群」的意思。一個人掌握了權力，如果這個權力不能讓子孫繼承，那他手中的權力就只屬於他個人，而不屬於他的家族。那他就只能算是一時的權貴，還稱不上是「貴族」。

在分封制下，財富和權力都可以世襲，這種情況下才容易出現貴族。周朝以後，中國不再有大規模的分封制，除了少量皇族外，普通官員不能繼承父輩的權力，「貴族」這個階級也就消失了。不過到了魏晉南北朝時，中國又出現了一種新形式的貴族，具體的情況我們到那時再講。

⑤這裡只能描述大致的情況。理論上，天下都是周王一人的私產，周王室有權干涉諸侯的事務、指揮諸侯軍隊，也有權收回諸侯的領土，但因為各諸侯國高度自治，周朝後期王室已經沒有能力去干涉了。

五

對於國王來說，分封制不是最理想的制度。

我們說過，獨裁者巴不得整個天下都是他的私產。分封制只是把國家變成了一個大家族的私產，而不是國王個人的私產。

分封制的壞處是，國王既然無法干涉諸侯領地內的事務，也就沒法阻止諸侯變得更加強大。如果有一天諸侯比國王更強大了，那他為什麼還要聽國王的話呢？話說周王室其實也不傻，剛開始分封諸國的時候，規定各地的兵權都掌握在周王室的手裡，沒有周王室的命令，諸侯不能隨意調動軍隊。但軍隊不是憑空變出來的，需要用錢糧來供養，需要百姓來服役。周王室直轄的領土有限，只能供養中央軍。地方軍隊必須由諸侯國供養。久而久之，這些軍隊也就變成了諸侯國的私人部隊，周王室的指揮權就名存實亡了。

有一個成語故事叫「烽火戲諸侯」。烽火是古人在遇到外敵入侵時用來報警的一種工具。長城的烽火臺，用的就是這種報警系統。「烽火戲諸侯」說的是西周的時候，周幽王為了取悅妃子，在沒有外敵的情況下命人點起烽火。諸侯見了烽火匆忙派兵來保護周王，結果軍隊到了京城，卻沒有見到敵人，亂作一團，妃子這才難得一笑。這是一個類似「狼來了」

的故事。故事的結局不難猜到：後來眞的敵人來了，周幽王再點烽火，就沒有諸侯來幫助他啦！

「烽火戲諸侯」的故事來自於《史記》，不過，這則故事多半是杜撰的，歷史上並沒有這回事。但是透過這個故事，我們可以看到分封制下國王的困境——諸侯相對獨立於國王，如果國王把諸侯惹毛了，諸侯在國王受到威脅的時候甚至可以不發兵保護國王。

這樣的國家，怎麼能穩定呢？

從國王的立場講，最理想的做法，當然是自己能直接管理全國每一寸領土、每一個臣民，把全天下都變成自己一個人的私產，這才是最合適的。

前面說過，獨裁者想要直接統治遠離首都的土地，就必須有龐大的官僚系統互相監督；想要有龐大的官僚系統，又需要有強大的經濟基礎。周朝因爲生產力太低，所以不得不把國家分封給親戚。但只要經濟發展到能供養龐大官僚的程度，獨裁者肯定就會拋棄分封制了。自從周朝以後，中國的各朝各代都沒有採用大規模的分封制，而是改成了郡縣制：由皇帝直接管理全國的每一個郡縣，所有的地方官，皇帝都有權力任免。

這個制度我們非常熟悉：中央有一個朝廷，朝廷往下是州、縣等等一級一級的地方官員。全國所有的土地都直屬於朝廷，全國的稅收、官員任免、軍隊調遣也都是朝廷說了算。

社會制度從夏、商的「部落聯盟」，到周朝的「分封制」，再到周以後的「郡縣制」，這背後的邏輯是一樣的：獨裁者想盡可能擴大自己的權力。隨著社會生產力的不斷提高，社會能贍養的官員越來越多，獨裁者有能力直接管轄的領土不斷擴大，社會制度也就隨之發生了以上的變化。

這就是我們所說的「歷史的必然性」。

歷史的必然性是從哪裡來的呢？

「趨樂避苦」是人類共有的本性，一個人首先關注的是自己的利益，盡全力擴大它。通常來說，這個「利益」指的是「經濟利益」。一個社會的生產力不同，決定了人們要去爭奪的利益不同，所能採用的手段不同，社會的形態也就不同了。

歷史的必然性在哪裡呢？就在於社會的生產力是不斷進步、不斷發展的。每當生產力發生大的變化，社會制度也會隨之發生相應的變化。那些不願意進行變化的人，都在人與人、國與國之間的競爭中被淘汰了。就好比周朝末年那些不願意放棄農奴的農奴主們，他們土地的生產力不如新興的地主，很快就會在戰爭中被消滅了。

這樣的歷史大勢，個人怎麼能阻止得了呢？

為什麼一口鍋的大小屬於國家機密？——

先秦青銅文明

一

上一章我們說到，社會生產力決定了社會形態，「經濟基礎決定上層建築」。

那麼，我們該如何衡量生產力的發展程度呢？

社會生產力的發展並不是漸進的，而是階梯狀的：平時生產力緩慢向上發展，有時遇到革命性的變化，生產力突然躍上了一個新的臺階，然後再緩慢向上發展。

蒸汽機的發明就是一個臺階，有了蒸汽機，人類進入了工業時代，生產力突飛猛進。

發電機和電動機的發明也是一個臺階，人類因此進入了電氣化時代，有了各種電器，生產力又一次大發展。

最近幾十年裡，電腦和網路的發明又各是一個臺階，前者讓機器代替了人的部分腦力，後者讓資訊的交流成本變得極低，兩者都讓我們的生活發生了革命性的變化。

蒸汽機、發電機、電腦、網路，它們爲什麼對生產力這麼重要呢？因爲它們都是生產工具。

在古代，也可以用生產工具來衡量生產力的發展程度，準確地說，是用生產工具的材料。

之前我們介紹過了「石器時代」、「新石器時代」，這一章主要介紹「青銅時代」。這裡的石器和青銅，它們都是生產工具的材料。在農業時代，生產工具主要就是農具。

不要小看農具的重要性。比如我想挖地種菜，如果我用雙手去挖地，手很快就被磨破，做不下去了。如果我手裡抓著一個木片去挖，速度就快多了。如果我在木片上加上一個長柄，做成鋤頭的樣子，把木片高高地舉起再揮下去，這個過程利用了槓桿原理和位能與動能的轉換，挖地變成鋤地，更省力氣了。要是再把普通的木頭鋤頭換成堅硬的金屬鋤頭，把鋤頭變鋒利，鋤頭的壓強增大，鋤地的效率又提高了。

簡而言之，工具的本質作用在於為人類提供額外的能量，這和火焰、馴化生物能徹底改變人類的境遇是一個道理。在使用了工具之後，人類耗費同樣體力能生產出的糧食增加了，社會的生產力也就提高了。

工具好不好用，就以能提供多少能量為標準。

幹農活時，人類大部分能量都消耗在挖、揮、刨、削、割等有破壞性的動作上，使用的金屬材料越堅硬，能鑄造的農具就越鋒利，壓強就越大，工作時節省的體力就越多；金屬材料的熔點越低，熔煉時耗費的燃料就越少，也能節約能量；金屬材料越是容易開採，製造農具所需要的成本也就更少。

青銅器完全符合以上幾點。

青銅是一種合金，由銅、錫等金屬混合製成。青銅的硬度比銅更高，熔點更低，正好能滿足古人的需要。而且中國富含銅礦和錫礦，所以青銅成了商周時期性價比最高的金屬材料。青銅農具提高了全社會生產力，使得商朝和周朝出現了更爲先進的文明。青銅製成的武器也爲商周王室的征戰立下了汗馬功勞。

中國並不是最早使用青銅器的國家。

我們在學中國科技史的時候，如果不時刻把中國文明和世界文明做比較，很容易留下這樣的印象：中國的科學技術在古代一直遠遠領先於全世界，件件發明都是世界第一，好像要不是有喜馬拉雅山和太平洋攔著，中華文明當時就能統一全球了。

這個感覺是錯的。

其他的不說，只說青銅器。目前發現世界上最早的青銅器文明，是兩河流域（今天的伊拉克一帶）的蘇美文明，比夏朝開國的時間還要早兩千多年，那時的中國地區還處在新石器時代。不僅是青銅器，包括書寫、曆法、宗教、建築、數學、藝術等等文化，蘇美文明都遠比當時的中華文明更先進。

當然，比誰更早也沒什麼意義，我們比較中外古代史，不是爲了比誰的祖先更厲害好吹牛，而是可以從中發現一些有趣的事情。比如對於青銅器的使用，中國和世界其他文明就有一個差別。

世界其他文明的青銅器大多以農具和武器爲主。剛才說過，青銅器最大的意義在於可以製成更加先進的生產工具。把先進的青銅用來製成工具和武器，這是理所當然的想法。

但是中國古人不這樣做。商周時期有大量的青銅器不是用來勞動或者打仗的。

那是用來做什麼的呢？

二

著名的「司母戊鼎」⑥和「四羊方尊」，這兩件青銅器都是商代的，它們在青銅器中非常有代表性，司母戊鼎最大，四羊方尊最爲精美。

⑥「司母戊鼎」的內部有「司母戊」三個字，因此得名。後來專家考證，「司」字其實是「后」字反寫，因此應該稱為「后母戊鼎」。

司母戊鼎高一點三公尺，長一點一公尺，寬近一公尺。你現在可以大致比畫一下，司母戊鼎比單人書桌還要大很多。

「鼎」這個東西，原本是一種鍋，上面的大肚子用來裝食物，下面豎著幾條腿，是爲了在鍋下放柴火加熱。我們今天去火鍋店裡點個小火鍋吃，那種小火鍋下面帶有支架的酒精鍋，構造就很像鼎。

但如果是鍋的話，幹嘛做成書桌那麼大啊？

如果說食物太大，切開烹飪不就可以了嗎，幹嘛需要那麼大的鍋呢？在生產力不發達的古代，製造這種超大型的青銅器非常困難。因爲青銅汁在灌入模具的時候會快速冷卻，如果青銅器太大，後面的青銅汁還沒有灌完，前面的青銅已經冷卻了。這樣做好的青銅器會有裂紋，容易斷裂。商朝人採取了一些高超的技術手段，才製成了沒有裂紋的大型青銅鼎。至於到底是什麼技術，到現在人們還沒有完全破解。

總之，古人花費了大量的成本，克服了難以想像的技術困難，造了那麼一口大鍋，總不會是爲了做飯省事吧？

當然不是，司母戊鼎並不是炊具，而是「禮器」。

所謂「禮器」，就是在祭祀儀式時使用的專業用具。我們今天爲了祝賀結婚、開業所送那種一人高的花籃，也可以說是一種禮器。

司母戊鼎是商代進行宗教儀式時用的禮器。古今中外的宗教，都有向神靈獻祭食物的習慣。獻祭食物需要炊具，久而久之，原本是炊具的鼎就變成了儀式的一部分。司母戊鼎就是專門爲祭祀製作的，已經沒有烹飪的功能了。

中國古人把很大一部分精力都用在製作成本很高的「禮器」上。

有這個必要嗎？

在這一章之前，我們講的都是物質層面的東西——我們講能量、講物資、講暴力、講奴隸主對奴隸的壓迫是靠鮮血和枷鎖。從現在開始，我們要開始講一講精神層面的東西。

對於統治者來說，精神生活有什麼好處呢？好處在於，能降低管理社會的成本。

如果沒有精神生活，管理社會只能靠純粹的暴力。奴隸社會就是這樣：奴隸主不和奴隸講什麼道理，只用鞭子和刑具來控制奴隸。這麼做的壞處前面已經說了：需要太多的看守，奴隸的勞動積極性很差，還會逃跑和反抗。一言以蔽之，就是監管成本太高。

採用精神手段，可以大大減少國家的管理成本，最簡單的例子是宗教。

世界上的幾大文明古國都很看重宗教祭祀。統治者以神靈的名義告訴大眾：只要聽從統治者的命令，服從社會規範，就可以獲得神靈的保祐，否則就會受到懲罰。假如大眾相信這番話，那麼統治者就可以省掉大量的管理人員，統治效率就大大提高了，這就是爲什麼商代的統治者要不惜血本鑄造司母戊鼎。

統治者們的宗教儀式規模越龐大、用具越精美，它對大眾產生的精神影響就越強，相應的，能省下的管理費用就越高。所以鑄造不能吃也不能喝的青銅鼎看起來是在浪費錢，其實是在爲統治者省錢。

大型的鼎耗資巨大，只有國家才有能力鑄造，久而久之，大鼎本身也成了王權的象徵。在周朝，鼎的使用有嚴格的規定。周王室規定，只有天子才能用九鼎，代表天下九州。其他諸侯、大夫按照相應的級別，只能用七鼎、五鼎、三鼎等等。直到今天，「九鼎」這個詞還用來指代王權。

春秋的時候，有一次周王派使者去見楚王。楚王看似閒聊地問使者：「周王的鼎有多大、多重呀？」使者一聽這話就火了，生氣地對楚王說：「周王鼎的輕重，不是你能隨便問的！」

使者爲什麼反應那麼激烈呢？因爲鼎是王權的象徵。楚王向使者問鼎的大小，就相當於在問：「皇帝的龍袍是什麼布料做的呀？皇冠戴上去舒不舒服呀？」表示他有不臣之心，是非常挑釁的行爲。

因爲這個典故，誕生了「問鼎中原」這個成語，表示有在中原稱王的念頭。另外還有個成語叫「定鼎中原」，意思是已經征服中原，在中原建立王權了。

三

鼎是國之重器，我們再多說兩句。

如果你看到周代的鼎，會發現它和商代的司母戊鼎有明顯的區別。商代的鼎造型非常硬朗，多用直角。上面的花紋都是一些張牙舞爪的怪獸，露出猙獰的面目。

周代的鼎不同，改直角爲圓角，鼎口是圓的，肚子也是圓形的。上面的裝飾很少再有猙獰的怪獸，而代之以柔和的曲線。簡單地說，周代的鼎，造型少了很多戾氣，更偏向圓潤儒雅。

表面上看，這只是審美上的變化，實際上，這更是國體的變化。

前面說過，鼎其實是王室用精神手段管理臣子和國民的工具。商鼎刻滿了猙獰的怪獸，這個思路和原始部落用怪獸的形象裝飾盾牌、面具如出一轍——用恐怖的形象恐嚇對手。這是控制臣民最直接的思路。

商王朝用這招沒什麼問題，但是到了周朝就不能用了。周王室把天下分封給了自己的親戚，對自己的親戚怎麼能靠恐嚇來管呢？

在我們今天的家庭裡，親戚們一同生活，互相幫助，靠的當然不是暴力和恐嚇，而是血緣和感情。周王室也是一樣，希望能靠王室的血緣和感情來維繫統治。但是，光靠血緣和感情還是有缺點。

前幾章說過，在分封制下，諸侯的產業可以繼承。那你想，第一代諸侯和王室之間有直接的血緣關係，大家感情還不錯，可是第二代、第三代呢？年代越久，諸侯和王室之間的血緣關係越遠，親情越淡泊，這王室不就岌岌可危了嗎？爲了避免這種情況，周王朝逐漸發展出了一套先進的制度，叫做「禮制」。

「禮制」，簡單地說就是一套人和人之間相處的規矩。我們看古裝電視劇，大臣見了皇帝要三叩九拜，兒子見了爹要恭敬行禮，逢年過節全家都要祭天祭祖，這些都屬於禮制。以我們現代人的觀點看，「禮制」似乎既繁瑣又迂腐。大臣上朝有事兒就直接說吧，你每次都三叩九拜，山呼萬歲，那麼多形式主義有什麼意義呢？

當然是有意義的。「禮制」的本質，是透過道德的手段來指定一種秩序，這是一種比暴力更高效率的統治手段。

舉個簡單的例子。你走在馬路上，手裡拿著垃圾，附近沒有垃圾桶，如果把垃圾隨手扔在地上，對你來說是最省時間、最省體力的做法，馬路上也沒有環保稽查員，就算你真的隨手扔垃圾，也不會有人衝上來罰你的錢。對你自己來說，隨手扔垃圾只有好處沒有壞處，可是這麼好的事情，你很可能不願意去做，反倒要走一段路把垃圾扔到垃圾桶裡。

是什麼原因促使你做出了和「趨利避害」本能相反的事呢？是「不能隨地扔垃圾」這條道德守則。假如社會沒有這條守則，而是靠暴力機關來維護環境清潔的話，那政府就要掏出一大筆錢來養「環保稽查員」，又掏一大筆錢養更多的清潔人員，最終的效果也不會很好，在看不到的角落裡肯定還會堆著大量的垃圾。

類似情況，我們生活中還有「公車上要讓座給老人或有需要的人」、「買東西要排隊」、「不能破壞公物」等等道德守則。有了它們，政府不花一分錢就可以維持良好的社會秩序；沒有了它們，社會早就亂作一團了。

在古代，道德守則的作用更加強大。

古代社會比今天封閉得多，大部分古人一輩子都生活在自己的村莊裡，既聽不到外界的消息，也沒有能力長途旅行。在這個封閉的小社區裡，每個人做過什麼，大家都心知肚明。

假如你違反了公共道德，那你就澈底地抬不起頭了，甚至還會受到肉體上的懲罰。

西周的「禮制」，就是要用官方指定的道德規則去統治群臣和百姓，具體的辦法，是各種看似無用的「禮儀」。

我們小的時候都會被家長教育，見到長輩要問好，這就是一種看似無用的禮儀：嘴上問好就等於心裡尊敬嗎？兩者沒有關係吧！然而就是這一句被全社會不斷重複的「某某好」，逐漸構成了我們社會默認的道德規則：晚輩要尊敬長輩。

同樣的道理，古代的統治者制定了很多繁瑣的禮儀，如兒子見爹要磕頭，平民見當官的要磕頭，大臣見皇帝要磕頭。這些看似無用的規矩慢慢構成了「兒子要聽爹的話」、「百姓要聽官的話」、「大臣要聽皇帝的話」等等道德規範，整個社會規範就建立起來了。道德規範一旦建立，政府不需要僱傭大量的人手，就可以讓社會保持秩序，不會出現人們互相亂打亂殺的混亂局面。

這是一個非常聰明的統治方法。

在西周時，「禮制」系統還很粗糙，主要在貴族之間執行，平民還不大懂得這一套。後來，「禮制」被儒家發揚光大，在全民中普及，成為統治中國最重要的手段。

鼎作為「禮器」，看似毫無用處，卻能成為「國之重器」，原因也在於此。以鼎為最高代表的禮制，是西周統治中國的一大法寶。

不過，禮制也有侷限。

在下一章裡，我們講一講西周的禮制將受到嚴重挑戰的一些事情。

戰爭的本質是什麼？——春秋戰國的紛爭

分封制最大的問題，是中央政府不能直接管理各地的諸侯，諸侯在自己的領地內可以隨意徵稅、選拔官員、指揮軍隊，權力非常大。

在周朝剛剛開始分封的時候，周王室當然把最大、最好的領地留給自己直轄，所以一開始周王室的實力在諸侯國之中最強，再加上那時王室和諸侯之間的親情尚在，又有「周禮」的幫助，所以那時的諸侯都願意聽從周王室的調遣。但是隨著時間的推移，親情漸漸淡漠，禮儀逐漸淪爲形式。更關鍵的是，國家實力這種事是三十年河東，三十年河西，周王室不可能永遠保持強大，等到它變得弱小的時候，其他諸侯國就未必要聽他的話了。

周王室變得衰弱的標誌，是周幽王兵敗被殺，西周結束。

在中國歷史上，有很多冠之以「東」、「西」的朝代名。如東周、西周；東漢、西漢；東晉、西晉。還有一些冠以「南」、「北」的朝代，如北宋、南宋。這裡的「東」、「西」、「南」、「北」，指的都是首都的位置。

西周的首都在今天的長安附近，靠西部；東周的首都在今天的洛陽附近，相對在東面，所以一個稱爲「西周」，一個稱爲「東周」。

好好的，周朝為什麼要換首都呢？

在中國古代史上，外族入侵常年困擾著中原政權。這裡的「外族」，主要是位於中國北方的游牧民族。上一章說過，「經濟基礎決定上層建築」，一個社會的生產方式決定了它的社會形態。中原文明和北方游牧民族之間的衝突，本質上在於兩者的生產方式不同。

中原文明屬於農耕文化，主要的生產方式是種田；北方民族屬於游牧文化，主要的生產方式是畜牧。

農耕文化的優勢是生產力高，單位土地生產的糧食多，人口密度大，數量多。因為生產力高，所以精神文明也發達，對於禮儀、政治、文藝、宗教這方面下的功夫比較多。

游牧文化的優勢主要在於軍事。因為整日畜牧，游牧民族的騎兵戰鬥力遠高於農耕民族。

農耕民族和游牧民族經常發生衝突。

前面說過，定居對於農業生產的一大好處是食物產出穩定。農耕民族在豐年的時候可以儲存糧食，到了災年，就算沒有收成也不會挨餓。但是游牧民族因為要經常遷移，不可能有規模龐大的倉庫，主要的糧食儲備都是活生生的家畜——這樣才好攜帶。但遇到災年的時候，家畜大批凍餓而死，游牧民族便要面臨飢寒交迫的困境，這時候除了去搶劫富庶的農耕民族外，就沒有別的辦法了。

在中國歷史上，每當北方出現大面積自然災害的時候，常常會伴隨著游牧民族的大規模南侵。在這些戰爭中，游牧民族和農耕民族互有優勢。

農耕民族的優勢是錢多、人多、軍隊數量多，後勤補給源源不斷。游牧民族的優勢除了騎兵戰鬥力強外，還因為居無定所，可以經常採用「一擊即撤」的戰術，尋找中原王朝的薄弱點，集中優勢兵力取得局部戰爭的勝利，一番劫掠之後立刻撤退。

中原王朝雖然人多錢多，但是邊防線也長啊。游牧民族專找防守薄弱的地方進攻，中原王朝想要防守，必須在漫長的防線上，每隔不遠的距離就安排一支能和整支游牧兵團對抗的龐大軍力。換句話說，為了能達到攻守平衡，中原王朝要比游牧民族多付出幾十倍、幾百倍的軍事成本。古代生產力低下，供養規模龐大的軍隊是個極為沉重的負擔，這也是為什麼秦始皇會去建造誇張的長城原因——長城花錢再多，也比常年維繫一支龐大的邊防部隊划算。

農耕民族和游牧民族在軍事上互有優勢，兩者在長城一線形成了動態的平衡。在整個中國的古代史裡，雙方爭鬥不斷，互有勝負。在中原王朝強大的時候，如漢朝和明朝，中原的遠征軍可以深入大漠，把游牧民族趕到遙遠的地方。在游牧民族強大的時候，如元朝，游牧民族在中原大地上縱橫馳騁，將中原王朝取而代之。

周幽王時期，正好是游牧民族強大、農耕民族弱小的時候。於是西北方的游牧民族進兵劫掠，把周朝首都鎬京（今西安）搶了，把周幽王殺了。最後，是周朝的其他諸侯國帶兵打敗了游牧民族，讓周王室復國。由於原先的首都已經被劫掠一空，沒法再住了，只能換一個首都。敵人是從西北來的，東邊比較安全。於是新王朝的首都定在了更東邊的雒邑（今洛陽），這就是東周。

二

雖然最早周王室的國力在諸侯國中最強大，但是經過周幽王這場戰爭後，周王室整個都被滅掉了，新周王是在諸侯的幫助下才登基的。這種情況下，新的周王室還能談得上什麼實力呢？幫助他的諸侯沒把他當作傀儡就已經不錯了。所以從這時開始，中國變成了「周王室說話不管用，諸侯國自行其是」的新時代。歷史上稱爲「東周」或者「春秋戰國」。

「春秋」和「戰國」是兩個時期，春秋在前，戰國在後。春秋和戰國加在一起，就是東周。

我們先說春秋。

春秋的時候，天下的諸侯國有一百個左右。那時中國的面積遠比今天小，主要圍繞著黃河流域，北邊一出河北省，西邊一出陝西省，南邊一過長江，就不是周王朝的範圍了。在這麼一塊地區裡，存在一百多個諸侯國，可想而知諸侯國的平均面積有多小。有很多小諸侯國不過是一個村鎮大小，人口不過一千，還不如現在一所中學的規模大。

因爲諸侯國面積小，所以在春秋時期，即便是最強大的諸侯國，也不敢公開反對周王室。

明朝的開國皇帝朱元璋打天下的時候，口號是「高築牆，廣積糧，緩稱王」，前兩者我們都明白，是積蓄實力的意思，那爲什麼要「緩稱王」呢？這是因爲當時群雄並起，起兵造反的勢力有很多。假如你公開稱王，也就意味著你向天下宣布，你有征服天下、打敗所有敵人的野心。既然你都這麼叫囂了，那其他勢力不就會一起來打你了嗎？所以在實力不夠強的時候，明智的做法是夾起尾巴做人，說話要低調。

春秋時代的諸侯也是這樣做的。

我們讀春秋的歷史，如果細心的話會發現，諸侯的首領都稱爲什麼什麼「公」，比如齊桓公、晉文公等等。「公」是周王室分封的爵位。當時的爵位稱號有這麼幾個：公、侯、伯、子、男。諸侯都稱「公」就意味著，那時的諸侯在名義上都承認自己是周王室的臣子。

在春秋時代，唯一例外的是楚國，楚國是稱王的。這是因爲楚國位於長江以南，在當時被認爲是化外之地。在楚國強大之前，中原各國根本不承認楚國是文明國家，辦什麼事都把人家排斥在外，再加上楚國的位置也偏遠，不像中原諸侯那樣四面都是鄰國，不用擔心被諸侯圍攻。所以楚國君主一看，你周王室不把我當回事，那我也不把你當回事，他就早早地稱王了，意思是地位能和周王室並列。前面說「問鼎中原」的事，就是楚王做出來的。

先不說楚王，且說中原這些諸侯，在春秋時代沒人敢跳出來和天下諸侯爲敵，也就沒人敢公開稱王。齊桓公稱霸打出的口號是「尊王攘夷」。「尊王」，就是尊重周王室；「攘夷」，就是對抗外族入侵。爲什麼要打出這個口號呢？

前面說過，游牧民族不斷入侵是中國歷史上的一大主題。當初諸侯接受了周王分封的領地後，有一大義務是保衛王室不受外族的入侵，齊桓公提出「尊王攘夷」，等於宣稱自己是「模範諸侯」，是諸侯的榜樣。

齊桓公稱霸，還要召集諸侯會盟，周王室也要派使者參加，這表明春秋時代的霸主，有點類似於盟主。

打個比方說，周王室就好像是個老父親，諸侯國是眾兄弟。到了春秋時代，老父親體弱多病，管不了家族裡的事了。這時候如果家族裡某個兄弟覺得自己夠強大，那就在酒樓裡擺個宴席，向所有的兄弟發請帖。在這個宴席上，如果大家沒有異議，那麼這個兄弟就可以成爲整個家族的大哥，負責管理家族事務，這個宴席就是「諸侯會盟」。周王室的使者也會到場，在形式上承認這位諸侯大哥的地位，算是在名義上把這件事情辦妥了。

光聽「春秋五霸」的這個「霸」字，聽著好像很有氣勢，像霸王一樣，其實在古漢語裡，「霸」字通「伯」字。古人稱呼兄弟四人，分別爲「伯、仲、叔、季」，「伯」是「長兄」的意思。比如我們現在還習慣稱「大伯」、「伯伯」，「大伯」就是父親的長兄。成語「伯仲之間」和「不分伯仲」都是「相差不多」的意思。所以「春秋五霸」的「霸」，其實不是「街頭霸王」，而是「大哥」的意思。

周王室的主要職責是調停諸侯之間的衝突、組織各諸侯的力量對抗外族入侵。作爲家族大哥，齊桓公也是這麼做的。他稱霸以後，不光爲齊國謀利，還這邊負責調停諸侯之間的衝突，那邊組織聯軍和外族戰鬥，忙個不停。他也只有如此盡責，諸侯才甘願聽從他的調遣。

到了戰國時代，情況就不是這樣了。

三

春秋時期，大的國家不斷兼併小的國家，到了戰國時代，一百多個諸侯國已經兼併爲二十多個，其中有七個國家最爲強大，稱爲「戰國七雄」。國力的增強增加了諸侯的野心，進入戰國時代不久，諸侯們開始稱王，這意味著諸侯們已經公開表示不服從周王室，有取而代之的想法了。此後兼併繼續，最終秦國消滅了周王室以及其他諸侯，統一了天下，中國進入了秦朝時期。

春秋戰國的主題是戰爭，天下格局的變化主要由戰爭導致，這就給人一種感覺，好像決定天下大勢的是那些馳騁在戰場上的武將和謀士。

這個想法是錯的。

對於戰爭，容易引起我們興趣的是戰爭中的各種計謀，因爲戰爭這件事是人類破壞等級最高的行爲，除了物理規則外，它不用遵守任何規則，任何手段都可以嘗試。所以戰爭中人類使用過的計謀千奇百怪，花樣迭出，有很多平時異想天開的想法，人們都在戰爭中嘗試過。戰爭又是關係到生死存亡的大事，每個參與者都押上了身家性命，因此人類毫無保留地把一切能力都投入到戰爭中，使得戰爭成爲人類高智商的演練場。

總而言之，戰爭中的計謀非常有意思。好比看《三國演義》，奇計百出的諸葛亮引起讀者極大興趣，看諸葛亮如何一次次以少勝多，逆轉戰場勝負。

但是計謀其實不重要，決定戰爭勝負的，絕大多數時候都不是軍師的計謀、主帥的能力、武將的英勇，而是國力。

個人的謀略可以影響局部戰爭，比如一個超級厲害的軍師，可以靠一個計謀用幾百人打敗幾千個敵人，取得一次輝煌的勝利。但是，計謀並非戰爭常態，第一次成功之後，第二次使用未必還會成功。國力強大的一方就算局部吃虧，還可以靠源源不斷的補給淹沒對手。你用計謀多消滅我幾百人，我就多補充幾千人、幾萬人，只要大戰略上不出問題，勝利的一定是國力強的一方。

有沒有靠一場計謀、一個謀士決定勝負的戰爭呢？有，但是這樣的例子在歷史上太少了。正因爲這些戰例數量少、戲劇性強，所以它們才會被當成傳奇，被人們翻來覆去地提起。所以我們剛接觸歷史的時候，會發現書裡的大部分戰爭都是靠計謀以少勝多、扭轉乾坤的神奇戰例，這其實是書本刻意選擇造成的錯覺。關於這一點，最簡單的例子還是三國。諸葛亮那麼厲害，幾乎與誰打仗都能贏，那蜀漢爲什麼最後還是滅亡了？答案很簡單，因爲蜀漢的人口少、耕地少、財富少，和曹魏的國力根本不能相比，所以無論多麼厲害的人帶兵，最終的失敗都是不可避免的。

再說說吳王夫差和越王句踐的故事。這是一個典型的勵志故事，講的是句踐如何戰勝逆境，臥薪嘗膽，最終反敗爲勝的事。但是，只要「臥薪嚐膽」就一定能成功嗎？「只要吃苦就能成功」，這是顯而易見的謊言——假如眞是如此，那整日勞動的農民、工人，他們的收入和社會地位應該是全社會最高的，事實顯然不是這樣。古往今來，意志堅定、自找苦吃但是沒成就的人多極了。句踐能打敗夫差，不僅在於他能忍，還在於這麼一句話——當年夫差決定把句踐放回國，夫差手下有個大臣表示萬萬不可，他說：「越十年生聚，而十年教訓，二十年之外，吳其爲沼乎！」他的意思是，句踐回到越國，如果用十年時間積蓄實力，十年時間訓練軍民，那二十年後就會把吳國消滅了。

果然，句踐回國九年後，越國變得非常強大，把吳國打敗了。

句踐成功的根本原因，在於這句「十年生聚，十年教訓」上。假如句踐回國後沒有發展經濟而是急於決戰，假如越國沒有那麼多的資源供句踐發展，假如夫差沒有給句踐那麼多時間，放了他兩年後又把他滅了，句踐都不可能復仇成功，他的隱忍也就都白費了。眞正讓句踐復仇的，是越國增強的國力。

秦、趙兩國之間的長平之戰更是如此。

關於長平之戰，我們一開始最容易關注的是趙括「紙上談兵」的典故，好像長平之戰打敗了，全是由於趙括是個蠢貨。其實，趙括本人並非毫無經驗的指揮官，趙括那個時代，也根本沒有紙。

趙括是長平之戰趙國一方的指揮官。

趙括在長平之戰中雖然犯了指揮的錯誤，但趙國失敗的根本原因是國力不夠強盛。長平之戰是秦國和趙國的生死決戰。戰爭一共持續了三年，打到最後，兩個國家都拚出了全部的家底。趙國傾全國之力，派出了所有能動用的軍隊；秦國則在情急之下把一個郡十五歲以上的男子全部拉上前線。最後，是趙國國力支撐不上了，才輸掉了整場戰爭。

秦國的勝利不是偶然。秦國不是單單打敗了趙國，而是打敗了全天下的諸侯。偶然不會讓秦國一而再再而三地獲勝，是因爲秦國的國力遠遠超過了其他諸侯國，才讓它最終統一了天下。

秦國能提高國力的祕訣，我們在下一章介紹。

中國歷史上的大變革——

商鞅變法

一

對於同一段歷史，可以從不同的角度描述。比如：孔子說過什麼，老子說過什麼，這些屬於「文化史」的內容；古人什麼時候開始農業種植，什麼時候使用青銅器，這屬於「經濟史」和「科技史」。

我們平時最常談論的是「政治史」，通常單獨說「歷史」兩個字，指的就是政治史。我們對歷史時期的劃分，也是依照政權的變化——我們常用「唐、宋、元、明、清」來劃分歷史時期，這些朝代即是政權更替的標誌。

本章講的是「大變革」，指的就是政治制度上的變革。具體是什麼變革呢？是中國結束了封建制社會，進入了郡縣社會；結束了分封制，開始了官僚制。這是中國歷史上最重要的一次變革，以商鞅變法為標誌。不過，變革的眞正主導者並不是商鞅。前面說過，「經濟基礎決定上層建築」，政治變革背後的眞正原因是生產力的進步。正是因爲社會財富變多了，人們才有能力選擇新的政治體制。當時各諸侯國因爲生產力發展，都在進行內容類似的變法改革。商鞅不是唯一的改革家，卻是最成功的一個。

到底怎麼變革呢？

在春秋時代，主要的生產方式是農奴制，土地的管理方式是分封制，大致的情形是這樣的。周代的農奴，有一定的人身權利，可以有自己的財產，生活比夏、商時代的農奴好一些了，但是他們還沒有人身自由，必須在貴族規定的土地上耕種。

他們交稅的方式很有意思。周代的農耕制度稱爲「井田制」，意思是，把一塊田地用「井」字劃分成九個格。周圍八個格子叫做「私田」，「私田」的所有權是貴族的，但提供給八戶人家（農奴）種植，所得收入是這八戶人家自己的。中間一個格子叫做「公田」，八戶人家在貴族的公田裡免費勞動，產出都是貴族的，這就相當於農戶上繳的賦稅。

要注意，這個「井」字只是一種理想狀態，在眞正的歷史上，並沒有把田地都嚴格地畫成「井」字。但這個說法的大意不錯：勞動者靠種公田的方式來向貴族交稅。

井田制的弊端很明顯：種公田對百姓沒有任何好處，他們在公田勞動時自然會投機取巧，能少做就少做。貴族爲了利益不受損失，只能用武力逼迫百姓生產，所以要實行井田制，必須配合武力脅迫下的農奴制。農奴制的弊病前面已經說過了——貴族多花費了很多管理成本，百姓的勞動積極性卻不高，公田的收成總是不如私田好。

春秋時，各國戰爭頻繁。戰爭勝負依賴於國力強弱，在這生死存亡之際，各國都絞盡腦汁提高生產力，很多政治家發現了井田制的弊端，決心改變這種低效率的生產方式。

最先摒棄井田制的並非秦國，但秦國的商鞅做得最好。

在講解商鞅的改革方案之前，我們先回答一個大問題：爲什麼要對社會制度進行改革？改革對提高生產力有什麼好處？

社會制度之所以會影響生產力，在於兩個方面：

一、大部分人本性好逸惡勞，想光拿錢不工作。好的社會制度能刺激人們努力工作。

二、人的能力有高低，利用同樣的資源，不同人的生產效率不一樣。好的制度能把生產資源儘量交給生產效率最高的人。

以上兩個問題，井田制都沒有搞定。第一，勞動者種植公田沒有積極性，不想努力工作。第二，井田是王室分封給貴族的，不能隨意買賣。不管這個貴族善不善於農業生產，這塊田地只能歸他種。這人要是個紈褲子弟，這塊地的生產力就浪費了。

商鞅的做法是，廢除井田制，「承認土地私有、允許（土地）自由買賣」。這樣做的第一個好處，是廢除了井田制後，農民給貴族的賦稅不再採取「種植公田」的形式，而是直接用財物來交稅。稅賦是相對固定的，這樣一來，農民生產的糧食越多，自己的所得就越多。這就最大化地帶動了農民的生產積極性，國家的生產效率也就提高了。

第二個好處是，在井田制下，每個貴族擁有的土地大小是固定的。變法以後，擁有多少土地都可以，這就鼓勵人們去開墾荒蕪的土地。等於國家不用花一分錢，全國可以耕種的土地就變多了。

還有第三個好處。允許土地私有和自由買賣的結果，是可以透過市場的力量，最高效地利用每一份生產資源。說白點，就是讓那些不善於農業生產的貴族，主動把自己的田地交給善於生產的貴族。

這是怎麼做到的呢？

舉個例子，如果有一個貴族A，他的生產能力差，種一畝田地只能收穫一百擔糧食。這一畝地對他來說的價值相當於一百塊錢。另一個貴族B，善於組織生產，在他手裡一畝地能種出兩百擔糧食，那這畝地對他來說就值兩百塊錢。這樣一來，貴族A就可以把這畝地按照一百五十塊錢的價格賣給貴族B，兩個貴族都很滿意，都覺得自己賺了五十塊錢。同時，透過這個交易，這塊土地的生產效率提高了，能爲國家提供的生產力變多了，國家也從中獲益了。

所以這個交易，是一個買方滿意、賣方滿意、國家滿意的三全其美方案。國家不需要付出任何管理成本，全國的土地就可以在每個人趨利避害的本性趨使下，自動流到生產效率最高的那個人手裡，達到了資源利用效率的最大化⑦。

不過，這麼做也有壞處：會帶來土地兼併和擴大貧富差距。隨著不斷地買賣，土地必然會集中在生產效率最高的一群人手裡。那些不善於組織生產的人只能失去土地，淪為貧農甚至流民，這樣一來，有能力的人變得越來越有錢，沒能力的人變得越來越貧困。貧富差距增大，增加了社會的不安定因素，甚至會造成政權覆滅。不過，這都是後話了，眼前，廢除井田制還為商鞅帶來了另一大好處：兵源增加了。

前面說過，西周的時候社會上有兩種人，一種是貴族，一種是農奴。這其實是簡化的說法。說得更詳細點，可以分成三種人：最上面是貴族，中間是「國人」，最下面是農奴。

所謂「國人」，他們沒有貴族的那些特權，但也不像農奴那樣失去人身自由，他們靠著自己的勞動賺錢，生活在城市內，有點類似於今天的普通市民。

西周和春秋時的戰爭場面和我們在大部分古裝片中看到的都不同：那時的主力兵種是戰車，由一個人駕駛戰車，一個人在車上射箭，一個人拿著長矛負責近距離作戰。但光有戰車

⑦ 土地是中國古代最安全的資產，除了土地外，基本上沒有其他的投資途徑，因此古人不會輕易出售土地，再加上古代的交易成本和管理成本較高，因此土地交易不會像文中描述的那麼理想化。

也不行，還需要步兵協同作戰。相比戰車，步兵的戰鬥力要小很多，對士兵的技術要求也低很多。在西周和春秋時，軍隊由貴族和國人組成：軍隊的主力，也就是在馬車上作戰的，是貴族和專業的武士；馬車周圍的步兵，就是國人。

這個制度有個大問題：相對於全國的總人口來說，貴族和國人的數量太少了。農奴倒是人數多，但是農奴沒受過軍事訓練，打仗對他們也沒什麼好處，通常不讓他們上戰場。就算勉強被趕上了戰場，戰鬥力也非常堪憂。

商鞅廢除了井田制，依附在井田制上的農奴變成了普通的農民。農奴沒有多少財產，打贏了仍舊是無產者，所以他們不願意打仗，戰鬥力極低。農民就不同了，他們有家有業，只要給予足夠的獎勵，就可以成爲優秀的士兵。

商鞅規定：任何人只要殺了一名敵兵，就可以立刻當官，殺的人越多，官當得越大，殺到一定程度還可以當貴族。這套系統我們今天覺得平平無奇：不就是獎懲分明嘛！但在當時是革命性的：當時中國還沒有科舉制度，老百姓沒有機會出人頭地。更何況在分封制下，人由血緣定身分，老百姓更不可能出頭了。

商鞅的這個政策，等於給了普通百姓一個改變身分的機會：參加打仗，就有機會成爲貴族，進入上層社會。這刺激了百姓爲國效力，也爲國家選拔出大量優秀的戰爭人才，戰國時代秦國名將輩出，軍事上無往不利，和這一政策是分不開的。

全民都可以參軍的政策還擴大了戰爭的規模。春秋時代最大的戰爭也就二十幾萬人參加，戰國時代就已經達到上百萬人的等級了。前面說過長平之戰秦國動員了一個郡所有十五歲以上的男丁參戰，這種全民動員的情況，也只有商鞅變法之後才能發生。

二

前面講西周分封的時候曾經說過，分封制帶來的一個後果是出現了貴族。貴族之所以是貴族，是因為他們永久占有一塊土地。現在，允許土地自由買賣了，意味著有些貴族會因為經營不善等原因失去自己的土地。他們連生活保障都沒有了，怎麼還能算是貴族呢？

所以，允許土地私有化和自由買賣，就意味著貴族階級的消失。而且商鞅變法還更進一步，不僅允許貴族消失，還要主動促進貴族消失。在變法以後，貴族的身分不再是永久的，而是誰為國家貢獻得多，誰就能進入上層階級。那些對國家沒有貢獻的貴族，國家要取消他的身分。

這條規定其實是改變了社會資源的分配方式。記得我們前面說過對生產關係的看法嗎？社會成員分成了勞動者和財富占有者，什麼時候勞動者和財富占有者是同一個人，什麼時候這個社會就和平了。不要以爲這是現代人才有的時髦觀念，這種樸素的平等思想，在人類文明的初期就已經存在了。

商鞅推行這條政策，就是要把好處給那些對國家眞正有貢獻的人，用現代的話來說，叫做「按勞分配」、「獎懲分明」，這樣可以最大程度地鼓勵百姓爲國家做貢獻。

分封制消失了，奴役農奴的貴族消失了，新興的土地擁有者就不能再稱爲「農奴主」或者是「貴族」了，而是改稱爲「地主」。相應的，勞動者也不再是「農奴」，而是「農民」。

從秦朝開始，中國進入了郡縣社會。

貴族消失了，還帶來一個問題：誰來幫助國王管理地方事務呢？

我們介紹分封制時說過，西周之所以採取分封制，是因爲國家沒有能力建立一套完善的官僚系統，只能把地方事務交給諸侯管理。現在到了戰國時代，社會生產力提高了，官僚系統終於可以建立起來了。這就是商鞅建立的郡縣制。

郡縣制對諸侯的誘惑力極大。

前面說過，分封制是一級一級的，周王室把國土分給了諸侯，諸侯又把自己的國土分給了下面的臣子。既然諸侯能憑藉封地反抗周王室，那他們下面的臣子也同樣會反抗國君。這樣的事在春秋戰國時屢見不鮮：春秋末年，晉國的三家大臣瓜分了晉國。戰國初年，齊國的大臣殺掉了齊國的國君，自己取而代之。所以郡縣制對國君們很有吸引力，各個諸侯國都踴躍變法。

郡縣制有利於國家穩定。

前面說過，在分封制下，天下是一個個諸侯的私產，地方官吏都是諸侯任命的，官吏的財富、權力都是諸侯給的，這些官吏只效忠諸侯，不效忠中央朝廷。這樣做的結果是諸侯逐漸獨立，都不聽中央朝廷的話。

變成郡縣制以後，所有地方官員的財富和權力都是中央朝廷給的，他們因此只效忠於中央朝廷，而且地方官擁有的權力並非終身，朝廷可以隨意撤換，地方獨立的可能性就更小了。

從秦朝統一中國以後，中國的各個朝代一直採取郡縣制。直到今天，中國的「省、市、縣」行政結構，仍舊屬於「郡縣制」。秦朝以後，一些王朝也分封過諸侯，結果每一次都是以諸侯直接或者間接導致的戰亂告終。

劉邦建立漢朝後分封了一些諸侯，後來朝廷透過謀殺和戰爭把諸侯相繼消滅掉。晉武帝建立晉朝，分封了不少諸侯，結果導致八王之亂，以諸侯奪取大權告終。朱元璋建立明朝，分封了幾個兒子當諸侯，結果他死後，一個兒子朱棣起兵造反，奪取了皇位。清朝順治皇帝入主中原，分封吳三桂等人當諸侯，結果順治死後，出現三藩之亂，康熙以戰爭手段平亂。

郡縣制的優越性顯而易見。

改分封制爲郡縣制，還有一個額外的好處：治水。

農業種植依賴淡水灌溉，所以古代農業發達的地區都在河流附近，我們談到古文明地區，都說「某某河流域」。但是，未經治理的河水有時會旱災，有時會水災，兩者都會對附近的農業生產帶來巨大災難，想要改變這種情況，需要治理河道。

對於沒有工程機械的古人來說，治理河道是一項極大的工程。在分封制社會裡，每個諸侯國的國力有限，誰都負擔不起這樣大的工程，而且一條河流灌溉的區域很大，會流經很多諸侯國，但諸侯國也不願意單獨治理河道，便宜了其他國家。還有一些國家只在本國治理河道，不管下游，以至於對下游國家造成災難，甚至還有諸侯國故意挖開河道，水淹其他國家，所以在分封制時代，人類就算有能力治理河道，也很難實現。

在郡縣制時代，上述問題都沒有了。中央朝廷可以調動廣大地區的力量，集中在一起治理水道。從更大的角度說，郡縣制有助於抵抗各種自然災害。中國古代自然災害很多，面積越小的國家抵擋災害的能力越差。在分封制時代，一個國家受到災害只能求助於鄰國，但是鄰國未必願意幫你呀。春秋戰國時因爲諸侯國之間拒絕救災引起了不少戰爭。郡縣制下，各地都聽從中央朝廷的號令，只要中央一聲令下，就可以調富庶地區之有餘，補受災地區之不足，全國的防災能力因此提高了很多。

現在，我們再回來看商鞅變法。商鞅變法的結果是全社會的生產力提高。直接原因是有商鞅這個聰明人制定了一系列合理的變革措施，這些措施消滅了過去的分封制和封建制，代之以更先進的郡縣制和官僚制，提高了秦國的社會生產力。秦國的國力變得強大，因此可以在兼併戰爭中打敗其他國家，最終統一中國。中國的社會制度也從此由分封制變爲郡縣制，由封建制變爲官僚制，並延續了兩千多年。

所以我們把商鞅變法稱爲「大變革」。

最有用和最沒有用的知識——

先秦的文化成就

一

本章主要介紹中國古代的四種文化成就：文字、天文曆法、醫學和詩歌。不妨猜猜，對於帝國的興衰，這四種文化哪一個的影響力最大呢？

影響力大小的順序和上面的順序是一樣的：文字最重要，其次是天文和曆法，再其次是醫學，最後是詩歌。我們也按照這個順序來介紹。

先說文字，爲什麼說文字是最重要的呢？文明的本質，是資訊，是知識。試想，我們現代人的生理狀態和古人差不多，我們不比古人更聰明或者更有力氣，爲什麼我們比古人更文明呢？就在於我們掌握的知識。

就像電腦檔需要硬碟來儲存一樣，知識也需要一個載體。在沒有文字的時代，這個載體只能是人的大腦，知識的積累只能靠原始人的口耳相傳，積累不了多少就達到了人類大腦記憶力的極限。因爲這個限制，文明最多發展到原始部落的程度就會止步不前。

文字不需要借助人力就可以永久保存資訊。文字的出現，相當於對一臺只有256K記憶體的電腦外掛了一個有無數空間的硬碟，有了文字，文明才能夠無限制地積累發展。反之，如果失去了這個硬碟，那人類文明就如同被格式化了一般，要從這宇宙中消失了。所以說，沒有文字，就沒有人類文明。

甲骨文是中國現存最早的文字，在甲骨文之前，也許還有更古老的漢字，但是因爲書寫的材質不易保存，所以就沒有保留下來。

「甲骨」是龜甲和獸骨的簡稱。商朝人很迷信，在進行國家大事之前要先占卜，問問神仙是什麼意思。有一種占卜方法是在龜甲（常用的是龜的側腹甲，而不是背甲）或者獸骨（常用的是牛的肩胛骨）上鑽出小孔，用火燒烤。因爲熱脹冷縮的緣故，甲骨上會燒出裂紋，古人就根據裂紋的形狀來判斷凶吉。有時，古人會把所問的問題、占卜的結果、占卜是否應驗等內容寫在甲骨上，在甲骨上打孔，用繩子串起來作爲檔案保存。這種文字就是「甲骨文」。

甲骨文是中國最老，但不是世界最古老的文字。前面在講青銅文明的時候說過，蘇美文明（西元前三〇〇〇年）在各方面都要比中國更古老，文字也是一樣，蘇美文明的楔形文字是世界最古老的文字，埃及的象形文也比甲骨文更早出現。

和甲骨文同一時期出現的，還有「金文」。金文是鑄刻在青銅器上的文字。青銅器是鑄造而成的——先製造一個空心的模子，然後把熔化的青銅汁澆到模子裡，冷卻後就造好了一件青銅器。古人先在模子上刻上反著的字，鑄好的青銅器上也就帶有相應的文字，所以稱

「鐘鼎文」。古人又稱青銅為「金」，所以青銅器上的文字叫「金文」。

作為文字，甲骨文和金文都很不實用，寫起來太麻煩了。那個時候，只有極少數人才會寫字，全國連本像樣的書都沒有。到了西周的時候，終於發生了巨大的進步，中國人開始用毛筆沾著墨水，在竹板和木板上寫字⑧。

竹簡是圓的，人們只能在平面上寫字，所以古人要把竹子削成窄窄的一片，一片上只能寫一行字，這樣的竹片稱為「竹簡」。一根竹簡上能寫的字太少了，寫一段話需要很多根竹簡，古人就用繩子把這些竹簡穿起來，連成一排，叫做「冊」，「冊」就是竹簡時代的書。「冊」是個象形字，是一排排豎著的竹簡用橫著的繩子穿起來的樣子。古人在竹簡上寫錯了字，用刀把錯誤的地方削下來再重寫。所以「刪除」的「刪」字，左邊是一個代表一排竹簡的「冊」，右邊是一個代表刀的「刂」。

除了竹簡，古人也把木頭削成片寫字，稱為「木簡」或者「木牘」。竹簡和木牘合稱為「簡牘」。我們今天還習慣把文稿稱為「文牘」，把書桌稱為「案牘」，把篇幅太長的文章

⑧簡牘在商代就出現了。殷商甲骨文中已經有簡冊的象形字「冊」字，周代文獻中也有不少關於簡牘的紀錄，但是，現在最早發現的簡牘實物是戰國時期的。

稱為「連篇累牘」。除了簡牘外，古人還在絲織品上寫字，稱為「帛書」。帛書寫完之後，捲成一捲，稱為「卷」。今天我們還用「第一卷」、「第二卷」來編排圖書。帛書書寫容易，可是太貴了，所以當時最流行的書寫方式還是簡牘。

簡牘的出現雖然在歷史記載上看起來並不起眼，但它對中國歷史產生了深遠的影響。簡牘是中國歷史上第一種廉價的書寫工具。它的出現使中國人第一次有大量的書籍可以閱讀，可以自己想寫點什麼就寫點什麼。讀書變得容易了，讀書的人也就多了，因此出現了中華文化的第一次大爆發，史稱「百家爭鳴」。下一章我們要講到的孔子、老子及諸子百家，他們的出現也與簡牘有很大的關係。簡牘的普及，還改變了中國的政治制度。

前面說過，一個君主想要直接統治面積廣大的領土，就需要許多官僚來幫助他。關鍵是，作為官員必須具備一定的知識才行，起碼得會讀書寫字。在簡牘出現之前，讀書的成本太高了，怎麼也不可能靠甲骨文來培養一大批讀書人。而且官僚機構運作還需要大量的文件往來——如果都要透過口頭管理地方事務，沒有簽字，沒有印章，行政命令光憑傳話人的一張嘴，想怎麼說就怎麼說，這國家不就全亂了嗎？大量的文件往來，就必須要有廉價、輕便的書籍，這也只有出現了簡牘以後才有可能實現。

因此，只有簡牘的出現，中國才可能產生足夠大的官僚機構，西周時好幾個村子一般大小的國家，才有可能兼併成大國。

從更宏觀的角度說，廉價書寫方式的出現造就了人類文明第一次大爆發：在東方是簡牘——春秋戰國的百家爭鳴；在西方是莎草紙——古希臘文明。印刷術的發明造成另一次爆發：在東方是宋明儒學；在西方是文藝復興。今天，我們又迎來了資訊傳播的新變革：網際網路。在一個小小的手機上就能閱讀超過人類最大圖書館的大量資料，這是古人做夢都想不到的。我們正處在一場史無前例的大變革中，且這場變革還未停止。

簡牘是中華文明得以昌盛的根源，在我們今天的話語裡，還可以見到很多簡牘的痕跡。

莊子是戰國時代的人，他誇一個叫「惠施」的人學問大，說惠施的書能裝滿五輛車。這就是成語「學富五車」的典故，而這五車著作，就是用簡牘寫的。簡牘體積大，能寫的字有限，五車書還不算誇張。要是用紙寫的五車書，那就太誇張了。

把「簡」用繩子連在一起叫做「編」，所以「編」字有「把文字連在一起」的意思。今天，如果有人把很多現成的文章合在一起變成一本書，就說這本書是他「編」的。

「韋編」是用牛皮繩「編」的竹簡。有個成語叫「韋編三絕」，說孔子讀書太用功了，反覆讀書，把連接簡牘用的皮繩都磨壞了好幾次。還有個成語叫「斷簡殘編」，用來形容殘缺不全的文字。

最後，我們再回來說說文字。

迄今為止，人類積累的絕大部分知識都是以文字的形式記錄的，這就意味著誰掌握了文字，誰就能借用全人類的知識。

在歷史上，掌握文字的大多是上層社會。文字和上層社會，這兩者是互為因果的關係：在古代，學習文字需要花費大量的精力和金錢，往往只有生活優越的人才能做到。反過來，知識等於力量，掌握知識的人擁有了更強大的力量，因此可以獲得更為優越的社會地位。

縱觀整個人類史，只要是文明昌盛的社會，知識分子的地位都比較高，備受尊敬，中國也不例外。在古代，讀書人擁有免徭役、免稅、見官不跪、不挨板子、有資格穿特殊的衣服等等特權。

今天，我們每個人都要付出十幾年甚至二十幾年的時間待在學校裡，不停地學習、讀書，我們之所以這樣做，從淺薄的意義上說，是因為學知識可以增加我們的能力。能力提高了，單位時間能生產的價值也就提高了，我們的收入也就增加了。從更深刻的意義上說，在所有正常的文明裡，知識分子的社會地位都高。從更更深刻的意義上說，讀書為的是把人類唯一的家底——無數天才積累了幾千年的知識握在自己的手裡，變成自己的力量。這是我們讓自己變強大最簡單的辦法。

二

知識就是力量，知識就是生產力，知識保存在文字裡，因此那些掌握了文字的讀書人，他們也可以為勞動生產做出極大的貢獻，比如曆法。

我們今天使用的日曆、月曆、年曆之所以是現在這個樣子，都是研究曆法的成果。年、月、日可重要了，我們說過，農業是國家生存之本，農業又是一門靠天吃飯的工作，十分依賴天氣時節的變化。翻耕、播種、收割等等農業勞動必須在一年中正確的時節裡進行，否則就會徒勞無功。浪費力氣事小，耽誤了時節，來年就要鬧饑荒了，所以制定曆法是農業社會最重要的一件事。

制定曆法的基礎是天文學。古人的曆法是根據天象變化來制定的，有經驗的觀星者可以透過群星的位置來判斷當天的季節、日期。

演義小說裡，誇某個厲害的將軍時常說他能「上知天文、下識地理」。「下識地理」我們理解，能認識地理地形才能打好仗，這「上知天文」和打仗有什麼關係呢？關係就在於古代缺少計時工具，懂得了天文，就相當於有了一個準確的日曆。有了日曆，就能估算農業的收穫時間，知道部隊什麼時候能有糧食吃了；能預測天氣變化，就能預知會不會進入雨季，部隊會不會凍著熱著。這些資訊對戰爭勝負來說，自然是至關重要的。

在古代，迷信和科學常常混爲一談，很多歷史悠久的傳統文化都附加了一些神祕元素。前面說過文字的重要性，因爲文字重要，中國人逐漸認爲寫字會產生某種神祕的力量，比如：古人在祭祀典禮上把寫了字的紙張燒掉，認爲紙上的字就可以讓天上的神仙看到，再比如：中國人喜歡掛上「福」字、「喜」字，認爲可以因此得到好運氣。

曆法也被神祕化了。古人認爲，曆法不僅可以指導農業生產，還能指導人們的一言一行，這就是我們今天俗稱的「黃曆」。黃曆中寫著每天「宜」做什麼，「忌」做什麼，要求百姓按照黃曆的指導安排每天的生活，這是農業社會崇拜曆法的遺風。

人類透過觀星來決定曆法，因此觀星術也被神祕化，認爲能預測未來。比如演義小說裡常有「夜觀天象，掐指一算」來預測吉凶的情節。西方也是一樣，西方人也相信吉日和凶日，還產生了專門靠觀星來預測凶吉的技術——占星術。

有了現代化的統計學，今天我們很容易證明各種符咒、黃曆、占星術都是毫無根據的迷信。但是就像遠古時代「巫」、「醫」不分一樣，在古代，有很多迷信是和科學知識混在一起的。在迷信的習俗下面，掩蓋著古人對大自然永不停歇的探索，類似的還有中醫。

說到中醫，要先澄清一個誤會。在我們現在的語境裡存在兩種醫學：「中醫」和「西醫」，好像兩者在醫學史上的關係是並駕齊驅的，只是地域不同，東方人就適合中醫，西方人就適合西醫，這麼想就錯了。

其實，我們俗稱的「中醫」和「西醫」有本質不同。中醫是中國的傳統醫學，西方也有自己的傳統醫學，比如：過去西方人相信放血療法，認為人生病了放點血就好了。其他民族也都有自己的傳統醫學，比如：藏醫、蒙醫、韓醫等等。後來隨著科學的發展，人們發現過去那種靠個人經驗、猜測想像的傳統醫學太不可靠了，應該採用更科學的方法來研究醫學。這個採用科學方法的醫學，就是我們今天所稱的「西醫」，其實更準確的說法應該叫「現代醫學」。

現代醫學對應的，是包括中醫在內所有民族的傳統醫學。現代醫學和之前所有民族的傳統醫學有本質的不同。所以，所謂「西醫」和「中醫」，並不是「西方」和「東方」的差別，而是「現代科學」和「中醫傳統」的差別。

假如我們認為現代科學更好，相信現代化的生活比原始生活更好，我們就不難承認，現代醫學在很多方面要優於傳統中醫：我們今天看病，再也離不開超音波、化驗、X光、打針、吊點滴、抗生素，誰都不可能一輩子只靠把脈、吃草藥來治病了。

實際上，我們今天正規醫院裡的中醫已經全面科學化，擁有現代化的診療設備和科學的管理方式。正規醫學院畢業的中醫醫生都要經過全面的西醫訓練，已經和傳統的中醫有很大的差別了，但是，中醫靠的也並非是臆想和迷信。「神農嚐百草」雖然是個神話傳說，卻反映了古人積累醫學知識的方式：不斷地嘗試。什麼中藥能治療什麼疾病，是靠無數醫生和病人親自試出來的。因而今天的科學家們在中醫的藥典中，還能發現很多寶貴的結論。

針灸也是這樣。雖然今天的科學家沒能發現經脈存在的證據，但是針灸治療對於某些疾病的確能產生效果。扁鵲治療太子疾病的故事，即是中國人早期使用針灸術的例子。

注意，「針灸術」並不只是用針扎穴位，完整的針灸術分為「針法」和「灸法」。針法是平時常見的用細針扎穴位，灸法是把艾葉等草藥點燃，用煙熏烤穴位來治療，今天已經比較少見了。

文字有助於承載知識，天文曆法有助於農業生產，醫學能夠延長人的壽命，增加生活品質，這幾種文化成果對文明昌盛、國家繁榮都有很大的幫助。

三

那麼，詩歌藝術對國家的興衰又有什麼好處呢？

孔子認爲，詩歌是有好處的：詩可以興，可以觀，可以群，可以怨。邇之事父，遠之事君，多識於鳥獸草木之名。「興」、「觀」、「群」、「怨」指詩可以表達情感，「事父」、「事君」意爲可以孝敬父母、忠君做事，而且，學詩還能學習知識，識鳥獸草木之名。

孔子特別推崇「禮」和「樂」這兩件事。下一章我們會講到孔子的「禮」，這裡講講「樂」。孔子說的「樂」，指的是一種官方指定的，品味高雅的音樂。孔子認爲，「樂」的功能是感染人的情緒，陶冶人的情操，淨化人的心靈。如果人人都有很高的道德水準，這世界不就很美好了嗎？國家的管理成本不也降下來了嗎？所以，一定要提倡高雅的「樂」。

孔子的觀點並非空想。我們小時候就有很多「中心思想」歌曲，目的就是要提高人們的道德水準，提高社會的凝聚力。在採取軍事化管理的場所，「樂」的感染效果更爲明顯：慷慨激昂的軍歌每天長時間播放，人們的精神狀態因此有很大的不同。在服務、仲介、推銷等壓力比較大的行業裡，每天早晨都要播放勵志歌曲，跳集體操，喊口號，這也是在用「樂」的方式來改善人們的精神狀態。

那麼，我們是不是就要以這個標準來衡量詩歌藝術呢？越能洗滌心靈的作品，藝術價值就越高呢？

不！如果按照孔子的標準來看「樂」，那些最能教化風俗、洗滌人心靈的詩歌，就應該是世界上最好的詩歌。但事實恰好相反。

孔子親自整理的《詩經》裡，其中〈大雅〉一章是描寫周王室貴族的雅樂，是《詩經》中最高雅的部分。那麼，請你現在背誦〈大雅〉中的詩句，你背得出來嗎？你舉手問老師，讓他背，看他背得出來嗎？別說老師了，今天全世界都沒有多少人會背〈大雅〉，連讀過的人都不多了。

文學史上能流傳下來的，被大眾傳誦的並不是〈大雅〉這樣的「中心思想」詩篇，而是那些歌頌生活、讚美愛情、崇尚自由，甚至是嘲笑禮教的詩篇。「衣帶漸寬終不悔，爲伊消得人憔悴」，這是靡靡之音啊；「問君能有幾多愁，恰似一江春水向東流」，這是亡國哀聲啊；「安能摧眉折腰事權貴，使我不得開心顏」，這是在嘲笑禮教啊！

反倒是這些詩句，才是膾炙人口的千古名詩，它們的藝術價值才是公認最高的。

問題出在哪裡呢？

禮教、道德的目的是要求人們遵守規矩，本質是要束縛人。而藝術之所以吸引我們，是因爲在藝術的世界裡，我們可以不受現實的束縛，追求無限的自由，所以禮教和藝術，本質上是矛盾的。

在古往今來的各個社會裡，藝術家大多是怪異、和傳統觀念格格不入的人。歐美國家風氣自由吧？可是歐美國家有很多追求稀奇古怪的藝術家，外國老百姓也看不慣他們的行爲，也把他們當怪人看，更不用說那些要求人人都整齊劃一的集權社會了。納粹掌權之後，第一個迫害的就是作家、藝術家。

屈原就是一個被社會排斥的藝術家。屈原是戰國時候的楚國人，「屈」是他的氏，他是和楚國國王源自同一個族姓——羋，是楚國的貴族。前面說過，在分封制時代只有貴族才能當官，屈原因爲出身好，一開始也在楚國當了不小的官。問題是，屈原是一位天生的藝術家，藝術家是做不好官的。想要成爲藝術家，就必須在精神的某一方面達到極致，毫不妥協，這樣作品才能與眾不同，才能讓別人留下深刻的印象。

然而政治不同，政治是妥協的藝術。在現實世界裡，沒有一個人是天下無敵的超人——哪怕是最有權力的皇帝，有三個普通人上來一起揍他，也能把他揍死了。政治家之所以擁有政治權力，是因爲別人肯與你合作，既然是合作，就需要互相妥協。

藝術和政治，一個是極致的理想主義，一個是極致的現實主義。作爲藝術家的屈原，註定搞不定政治。

屈原因爲和楚國朝廷政見不合，又不願意放棄自己的原則，最後只能離開朝廷，成爲一個無處依附的隱士。偏偏屈原又是一個愛國主義者（那時還沒有「中國」的概念，屈原愛的是楚國，而不是包括戰國七雄在內的整個中國），他雖然被迫離開朝廷，但是一直關心著楚國的安危。可是就在他流亡的這些年裡，楚王做了很多錯誤的決定，楚國的處境一年不如一年。屈原心急如焚，卻又無能爲力，只能把自己的情懷寄託在作品中。屈原最著名的作品〈離騷〉就是在這個時候寫出來的。後來秦軍大兵壓境，屈原眼看楚國無法避免亡國的命運，於是跳到汨羅江裡，以身殉國了。

〈離騷〉是屈原最有名的文學作品之一。這裡要注意，《楚辭》並不都是屈原寫的，《楚辭》是漢代人編輯的一本詩歌集，收集的是有楚地風格的文學作品，其中最有名、影響力最大的，是屈原的作品。

現代人歌頌屈原，很多人歌頌的是他的愛國精神，這在我看來有些誤解了，屈原的「愛國」，和中國今天的愛國其實有很大的不同。

我們稱秦、齊、楚這些諸侯爲「國」，其實它們是諸侯國，是由周王室分給諸侯的私產，如同大地主把土地分給了小地主。當時的普通百姓對於諸侯國的感情，就如同農民對於地主的感情，盡本分而已，並沒有無條件的熱愛。春秋戰國的時候，經常有這個國家的讀書人到另一個國家當官，這個人並不會被世人罵爲賣國賊，收留他的君主也不會對他有疑心，這都是因爲當時諸侯國並不存在眞正的愛國主義。沒錯，屈原是愛楚國，但屈原不是作爲楚國百姓來愛楚國，而是作爲貴族——利益集團的一分子來愛楚國，與其說他愛的是楚國，還不如說他愛的是自己的本家宗室。所以我認爲，屈原的所謂「愛國」和中國今天的愛國不是一回事。

屈原詩作的魅力不在於愛國，而在於達到極致的浪漫主義情懷。在屈原的時代，文學界最有影響力的作品是《詩經》——由孔子收集整理的一部詩歌總集。《詩經》裡既有民歌，也有宮廷樂曲。作爲中國文學最早期的作品，《詩經》的整體風格是比較樸實的。這就像一個人在剛開始學說話的時候，講的都是最直接、最樸實的話一樣。比如《詩經》的第一首「窈窕淑女，君子好逑」，是非常淺顯的白話：漂亮的女孩呀，大男孩喜歡你。

屈原的詩作走上了另一條道路。前面說過，藝術最大的魅力是可以不受現實的束縛，肆意幻想無限的可能。屈原的作品想像力極爲豐富，上至九天，下潛五洋，實現了精神世界的極致自由。他的詩篇氣勢宏大，描寫天上的神靈、地下的亡魂，用大自然的萬物來比喻自己的情志。當時的人們看到他的詩篇，驚嘆「哇，人竟然還可以想像出這樣的場景」，就像我們今天看到好萊塢電影，驚嘆「哇，螢幕上竟然還可以有這樣的畫面」，所受到的震撼感覺是類似的。

沿著屈原的方向，中國文學走出了一條浪漫主義道路。在這條路上，將來還會有曹植，有阮籍，有李白，有許許多多的天才，他們爲中國人的精神世界增添了無數的魅力，但有些人不認同他們。

前面我們講「禮制」、講道德的時候，一直在講如何提高社會的生產力，在講道德如何節約國家的管理成本。現在這群藝術家們倒好，講的都是什麼自由奔放、無拘無束，沒爲國家建設貢獻點力量，甚至還破壞道德秩序，還替國家幫倒忙了！

如果把「國家強盛」當作衡量對錯的標準，那麼除了那些能弘揚道德，或者能讓勞動者稍事休息以便更好地投入勞動的文藝作品外，其他的藝術品都不應該留下。

一切都爲了物質生產，這種看法其實很有道理：人類從無到有，百姓從貧到富，戰爭從敗到勝，國家從弱到強，這一切都離不開物質。談物質才是最實際的，僅生活在自己的精神幻境裡，這不就是阿Q了嗎？

然而人之所以爲人，人之所以不同於動物，就在於人不僅掌握物質，還擁有精神世界。

沒錯，任何人都離不開物質，離不開金錢。我們只有擁有足夠的金錢，才能讓自己所愛的人不受風吹日曬之苦，在這繁華盛世中保持一絲爲人的尊嚴；才能在朋友受苦受難的時候不是假惺惺地說幾句「沒事，有我呢」，而是實打實地幫人家解決問題；才能在父母重病住院接到繳費單的期間，不會一邊打電話四處哀求，一邊跪在地上揪自己的頭髮。

但是，我們又不能只有金錢。生活在物質世界，人永遠是不自由的。一者，人的能力有限卻欲望無窮，任何人都要品嚐欲壑難塡的痛苦，忍受夢想難以實現的無奈。再者，世上不存在永恆不變的物質，無論多麼強大的人，都不可能保證自己永遠富有、永遠健康、永生不死，任何人都會面臨即將失去一切的絕望。

唯一能超越這些現實束縛的，是可以肆意妄想的精神世界。一個人不需要生在大富大貴的家庭裡，不需要卑顏屈膝地依賴別人提攜，不需要任何外部條件，只要他肯讀書、肯聽音樂、肯思考，就有可能實現精神自由。

屈原是自由的，李白是自由的，每一個追求精神生活的人，都可以是自由的。

剛才說，我們學習書上的知識是爲了用人類的知識武裝自己，讓自己變得更強大。這其實只是讀書最低等的作用，而高等的作用，是透過文藝作品感受古今中外無數天才們自由的精神世界，最終實現自己的精神自由。

這才不枉為人。

「國學」一點都不神祕——

百家爭鳴

春秋末年，分封制漸漸瓦解，諸侯的力量越來越強大，有些諸侯開始不聽周王室的話了。於是出現了春秋霸主，哪一個諸侯國的實力最強就可以管理全國，諸侯之間產生了激烈的競爭。

競爭激烈，導致各個國家都拚命提高國力，不拘一格收攏人才。與此同時，簡牘的普及大大降低了學術傳播的成本。這兩件事造成的結果是，春秋戰國時代出現了一大批知識分子，他們被稱爲「士」。

這是中國歷史上第一次同時出現那麼多有思想的人。在此之前，中國並沒有特別發達的學術思想。春秋戰國時的中國思想界，就像一位第一次開始思考人生的少年，各種新想法層出不窮，這就是「百家爭鳴」的時代。

說是「百家爭鳴」，當時也的確有一百多家學派，但眞正值得介紹的學派並不是很多。綜觀所有中國傳統思想——中國稱爲「國學」——影響力排行前三的學派是儒家、佛家、道家，排行第四的是法家。其中，佛教並非中國本土的產物，是從印度來的，漢代才傳入中國。我們這一章就主要聊聊儒家和道家，後面簡單提一下法家等其餘諸家的思想。

先說儒家，你應該知道，儒家的祖師是孔子。孔子是貴族後代，先人在分封制下享有各種特權，然而孔子生活的時代，分封制開始瓦解，傳統的貴族等級受到破壞。作爲舊貴族的孔子當然不願意看到這種情況，其中最讓他難受的，是「禮」的消失。前面在講周鼎的時候，我們講過，周朝用「禮制」來統治國家，「禮制」降低了統治的成本。在理想的狀態下，假如全國每一個人都遵守禮制——百姓都老老實實當百姓，都講文明講道德；諸侯都老老實實當諸侯，都聽周王室的話——那麼各個諸侯國之間就不會打仗了，百姓也不會犯罪了，這世界該有多美好呀！

可是偏偏在春秋時代，「禮崩樂壞」，人們都不講禮制了，諸侯國都不聽王室的話，各自爭霸。孔子非常看不慣這一點，嚴厲地批評這些違反「禮」的行爲。孔子的夢想，是讓全社會都回到人人遵守禮制的時代。

可是，在諸侯國之間恢復禮制是不可能的。禮制可以用來約束人民，但是不能用來約束國家，國家和國家之間的較量，靠的是力量的強弱，而不是誰更遵守道德。

試想有兩個諸侯國，一個嚴格遵守「禮」，自覺地用「禮」約束自己，另一個諸侯國把「禮」扔到一邊，只要是對自己有利的事，想怎麼做就怎麼做，這樣的結果，是第二個國家可以放手發展，第一個國家束手束腳，時間一長，第二個國家越來越厲害，就會把第一個國家滅掉。最典型的例子，是宋襄公參加的「泓水之戰」。

春秋時代，宋襄公和楚國打仗，開戰以後，宋軍發現楚軍正在渡河。古代打仗，渡河時的部隊是最弱的，因爲渡河的軍隊還來不及集合列陣，還有一部分的兵力在河的另一邊，不能參加戰鬥。當時楚軍強大，宋軍弱小，在楚軍渡河的時候發動襲擊，是宋軍獲勝的最好機會，當時就有人建議宋襄公，這個時候應該發動進攻。

沒想到宋襄公卻說：「在人家渡河的時候打人家，這是不仁義的行爲，我怎麼能這麼做呢？」結果宋軍像個謙謙君子一樣，乾等著楚軍全部渡過了河，列好了陣，然後才和楚軍交戰。果然宋軍被打得大敗。

其實，這件事並不能全怪宋襄公。前面說過，那時候的「霸主」除了國力要強大之外，還要擔當起「家長」的職責，要當各個諸侯國的大哥，霸主必須在一些大事上遵守傳統的禮制才能夠服眾。宋襄公也有稱霸之心，所以他打仗的時候還講究「禮」，講究謙讓。

可是楚國不管這一套，前面說過，當時的楚國不被中原文明接受，楚王公開說：「我自己就是蠻夷，用不著遵守你們中原的各種禮制。」楚國打仗的時候根本不管什麼規矩，怎麼能取勝就怎麼來。自然，無所顧忌的能打贏自縛手腳的對手，宋國的失敗也就理所當然了。

類似的事情一多，再笨的諸侯也能看出門道來：私下不遵守禮制的，打得過處處遵守禮制的對手，那誰還遵守禮制呢？這就意味著，周朝過去制定的禮制系統肯定會隨著諸侯混戰而消失，孔子希望恢復周朝禮制的願望，是個不切實際的幻想。如果孔子只是幻想恢復周禮，那他就不可能成爲被後世敬仰的大賢，而只能是個憎恨進步的守舊派。孔子卓越的地方，是對周禮進行了改造。

在講青銅鼎的時候我們講過，青銅鼎是用來祭祀的。周人透過對先祖和神靈的祭祀，強化了人們的禮制觀念。它告訴參與祭祀的人們：這些禮制規矩來自於祖先和神靈，你們不遵守禮制，難道不怕祖宗和神靈降罪嗎？問題是，春秋戰國的時候，不遵守禮制的諸侯國都因此變得強大，這祖先和神靈哪裡降罪了呢？

孔子和周人不一樣，孔子拒絕談論和神鬼有關的事。在孔子看來，禮制的權威性並不是來自於神鬼，而是來自於「仁」。「仁」是什麼呢？「仁」就是仁愛之心。最初始的「仁」，就是對親人的愛。父母愛子女，子女愛父母，天下人莫不是如此，這就是「仁」。

那「禮」又是什麼呢？是因爲我們有了「仁」，自然而然地就會去守「禮」。好比我們對父母要恭敬，這是「禮」。我們爲什麼要這麼做呢？孔子認爲，這不是被人逼的，不是因爲害怕天上降罪才這麼做，而是因爲我們內心天生就有對父母尊重的感情，這種感情驅使我們做出各種尊敬父母的「禮」來。

這個理論的好處，是為「禮制」找到了一個很可靠的論據，讓普通百姓也能接受「禮」的觀點。

在周朝的分封制下，貴族和平民是截然不同的兩個階級。貴族受到很好的教育，經過漫長的學習，他們可以學會繁瑣的禮制。可是百姓整天辛苦勞動，誰有時間和動力去學那些沒用的禮制規矩呢？所以孔子之前的禮制，只屬於貴族，不屬於百姓。

孔子的「仁」就不同了。每一個老百姓，他天生就有感情，天生就知道愛父母、愛子女，「仁」對他來說是自然而然的事。老百姓不需要識字，不需要念書，只要你一提醒他，他就能認識到人人內心都有「仁」。當孔子把「仁」和「禮」的關係打通以後，普通老百姓也就很容易接受「禮」的內容了。他想想自己和父母、子女的關係，就會點點頭說：「對，沒錯，兒子就得聽爹的話。」兒子必須聽爹的話，這就是「禮」最基礎的內容，也就是「孝」。所以才會明白，為什麼中國的歷代王朝都特別強調「孝」，甚至「以孝治天下」。因為「孝」是「禮」的基礎，也是社會秩序的基礎。

從孔子開始，「禮」的觀念逐漸深入到普通百姓的心中。前面我們說過國家管理百姓的成本問題。中國幅員遼闊，人口眾多，朝廷該怎麼保證全國百姓不生亂、不鬧事呢？如果靠嚴刑峻法，那需要培養大批官員，建立大量的監獄，這是一筆不小的成本。孔子的辦法是，透過「教化」，讓百姓從自身的情感出發，認同每個人都應該遵守「禮」，讓每個人自覺地去服從「禮」，這樣，國家就能用很少的成本維護社會秩序。可以說，沒有了孔子的這套「禮」，古代帝王就沒有辦法統治中國這麼大的國土，中國也很難保持常年穩定和統一。

孔子卓越的另一件事，是把教育推廣到普通百姓中。

剛才說了，在分封制下只有貴族才能受教育。西周的學校都是官府開辦的，只收貴族，不收百姓，稱爲「官學」。在孔子的時代，分封制逐漸消失，貴族和平民之間的差別不明顯了，簡牘的出現又降低了讀書和寫作的成本。同時，分封制的瓦解使得各國需要的官僚越來越多。諸侯之間激烈的競爭逼迫各國迫切渴求有能力的人，而不去計較他是不是貴族出身。在這新環境下，普通百姓有了學習的條件和動力，當時便有一些知識分子開設學校，收普通的百姓當學生，這樣的學校，稱爲「私學」。

其中辦得最好、影響力最大的，就是孔子的私學。

孔子主張「有教無類」，主張教育對象沒有限制，無論是貴族子弟還是平民百姓都可以找他念書。孔子也不收昂貴的學費，只要學生送一點肉乾（相當於現在的臘肉）當作拜師禮就可以。由於孔子出眾的學問和先進的教育理念，使得他教出的學生最有名，對社會的影響力也最大，再加上之後兩千年來，學校都以教授儒學爲主，所以孔子被後人推崇爲教育的祖師爺，過去的學校都要擺放孔子的牌位。

二

孔子的理想是建立一個遵守禮制的理想國，他主要關注的是社會制度。老子不同，老子關心的是宇宙，他好奇宇宙的本質是什麼，個人在這宇宙中應該如何生活。

孔子建立的學派，被稱爲「儒家」；老子建立的學派，被稱爲「道家」。要特別注意，老子創立的是「道家」，並不是「道教」。

老子是春秋戰國時代的一個學者，他對宇宙、對人生有一些自己的思考，他把這些思考寫在了書裡，僅此而已，老子並沒有建立什麼宗教。

「道教」是老子之後好幾百年的事了。在東漢末年的時候，張道陵等人綜合了道家的理論、民間的方術和神話傳說等等內容，創立了道教。因爲道教借用了大量「道家」的哲學思想，所以張道陵等人把老子奉爲本教的祖師，稱老子已經成爲了神仙云云。

老子本人，是不知道有道教這回事，老子關心的是世界的本質。

老子認爲，這個世界的本質叫做「道」，這個「道」不是一個實物，而是超越一切概念、語言和文字，不能用任何語言來形容的。這個東西本來是沒有名字的，「道」這個名字是老子爲了敘述方便才起的。

老子認爲，世上所有的東西，大到宇宙星辰，小到個人微塵，都要遵守「道」的規律。

「道」有點像我們所說的自然規律。我們知道，自然規律不是一個實物，但是大到宇宙，小到微塵，都要遵守自然規律、定律。自然規律和「道」的主要區別，是自然規律是什麼，我們還是可以用語言說清楚的，可是「道」不行，「道」是超越語言的，沒法說清楚。

你或許會說：你這個「道」連說都不能說，那你說這麼個「道」還有什麼用呢？有用。

如果宇宙萬物都遵守同樣的「道」，那麼人和大自然、宇宙也應該遵守同樣的規律，那麼人和宇宙就不應該是衝突的，甚至二者還能超越物質的屏障，合二爲一。所以中國古人常有「天人合一」的思想，認爲人生的最高境界就是和宇宙合爲一體，自己是宇宙的一部分，宇宙也是自己的一部分。

「道」有一個規律：「道」在不斷地運動中，而且是不斷地循環往復運動，譬如白天黑夜、一年四季，都是在循環運動。老子認爲，這個規律是普世的，萬事萬物都要遵守。

在老子看來，一切事物早晚都會運轉到它的反面。古人用「陰」和「陽」來表示事物的兩面。那麼這個道理也可以表達爲：事物總在不斷地運動，總會從「陰」運動到「陽」，又從「陽」運動到「陰」。

我們都很熟悉道家的「陰陽魚」符號。這一圖案是在北宋時才出現的，它良好地表達了老子關於「道」的思想：「陰」和「陽」你中有我，我中有你，不斷運動，不斷互相轉化。因爲事物都是在周而復始地不斷循環運動，所以老子認爲「物極必反」，事物發展到了極點，必然會走向它的反面。

舉個庸俗的例子。好比一個人特別喜歡錢財，用盡一切手段不斷地賺錢、投機，過多的投資帶來了巨大的風險，巨額的財富引來了別人的垂涎。越來越多的人想搶他、騙他、勒索他，財富反倒替這個人招來了災禍。最終這個人因爲過多的財富，被謊言和虛僞圍繞，甚至陷於綁架或者牢獄之災。最終連自己的人身安全都保不住，走向了人生的反面。

老子認爲，國家的命運也在不斷地循環。國家富強了，擁有了軍隊，國家之間就會互相侵略、引發戰亂，讓百姓死傷。百姓富裕了，就會生出各種衝突，養成很多惡習，引發嫉妒、犯罪，導致社會動亂。最後國家毀滅，又會回到一無所有的狀態。

既然萬物都要如此循環，那麼追求財富、權力非但不是幸福之道，反倒成了自我毀滅之路。所以老子主張清靜無爲，認爲人不要去追求財富、權力，反而應該放棄各種欲望，讓自己的內心回到嬰兒的狀態，這樣就永遠不會在循環中被毀滅了。

國家也是一樣，如果國家能回到原始社會的狀態，不發展生產力，村落之間儘量減少來往，人人都過著田園牧歌的生活，那樣就不會有戰爭和動亂了。

以我們今天的經驗來看，老子的說法未必是對的：每個人雖然都要經歷由生到死的過程，最終都要告別這個世界，但並不代表人生的奮鬥是毫無意義的；每個國家雖然終有一天都會滅亡，也不意味建設國家就是一件徒勞無功的事。但是，老子的觀點爲中國人的思想帶來了深遠的影響，成爲在社會上受到挫折文人們的精神避風港，甚至直接影響了漢初的國家政策。

三

諸子百家，學者眾多，我們只能掛一漏萬，簡單介紹一下墨子、孟子、莊子、韓非子和孫武。

墨子自成一家，稱爲「墨家」，在春秋戰國時代也是一個影響力很大的學派，甚至可以和儒家、道家並稱，只是因爲和儒家的觀點部分接近，後來漸漸被儒家吸收了。

墨家和儒家的觀點有一些地方很像，比如墨家主張「非攻」，反對以大欺小的戰爭，肯定討伐暴君的正義戰爭。儒家則認爲，符合「禮」的戰爭是正義的，違反「禮」的戰爭是不正義的，兩者大意差不多，但在一些細節上，兩者存在區別。

儒家主張「禮」、「樂」，這其實是貴族的遺風——之前只有貴族才這麼講究；墨家則反對「禮」「樂」，認爲屬於貴族的「禮」、「樂」太浪費了。儒家講究喪葬禮儀，主張「厚葬」，目的是透過喪葬禮儀來貫徹禮制；墨家認爲，與其把錢浪費在死人身上，不如花在活人身上，主張「節葬」。

墨家主張尊敬神鬼，多進行拜鬼祭神的活動；孔子拒絕討論神鬼的事，認爲應該先解決人間的問題。

墨家主張「兼愛」，主張對所有人無差別的愛；儒家的「仁」則有親疏遠近的差別：對親人的愛，總比對陌生人的愛多一點。

孟子是孔子之後，儒學裡第二位有著深遠影響的人。孟子繼續發揚了孔子的「仁」，主張人的本性就是「仁」，人天生就是善良的，這就是「性善論」。

因為「仁」是人類的本質，所以孟子主張統治者治國也要符合「仁」的原則，要用仁愛來對待百姓，實行「仁政」。他強調百姓的利益比君王的利益更重要，他說：「民為貴，社稷次之，君為輕。」這是很了不起的人文主義思想，在中國歷史上產生了深遠的影響。我們或許以為，中國古代的帝王都是為所欲為，視百姓為草芥的，其實在很多朝代，大臣都用「民為貴」的思想限制君王的權力，這是孟子的貢獻。

莊子和老子同屬於道家，和老子相比，莊子更專注如何實現個人解脫。

莊子和老子一樣，認為人的本質和宇宙萬物是一樣的，如果人能回歸到本質狀態，就能和宇宙合而為一。宇宙是無邊無際的，人和宇宙合而為一後，人就能擁有無限的自由了。

那麼，是什麼阻擋人類回歸到本質狀態呢？莊子認為，是人後天擁有的欲望、思想、知識等東西。如果人們能放棄掉欲望和知識，就可以實現眞正的自由。

莊子有一句名言：「吾生也有涯，而知也無涯。以有涯隨無涯，殆已。」有些學校把這句話的前一半貼在牆上，鼓勵學生惜時如金，抓緊學習。其實全句的本意正好相反，眞正的意思是說：「需要學習的知識是無窮無盡的，所以學習是一件徒勞無功的事。」

對於學習，莊子還有一個比喻。他說，森林裡的大樹如果長成了木材，就會被伐木工人看上，被一斧頭砍去。如果這棵樹長得歪歪扭扭，沒有成材，反倒能平平安安地活一輩子。

用現實的例子來說，人學了知識，能力強了，會面臨很多工作和物質誘惑，每天辛苦工作，累得要命，在工作中又會受到各種誹謗和攻擊，反倒替自己招災禍了。如果不學知識，不工作，沒有發財的欲望，每天像流浪漢一樣無拘無束，自由自在，那才叫幸福呢！

孫武是軍事家，在「諸子百家」裡被歸爲「兵家」。孫武以《孫子兵法》聞名，《孫子兵法》是中國古代著名的軍事著作，所講的內容偏向於宏觀戰略，所以一些觀點如「知己知彼，百戰不殆」不僅適用於軍事爭鬥，還適用於日常生活的其他領域。從這個角度說，《孫子兵法》是一本講「謀略思想」的書，價值要超過普通的軍事著作。

不過，也不能過分誇大《孫子兵法》的作用，它在宏觀上講了一些大道理，雖然說的不錯，但是到了具體該怎麼行事上，還要就事論事，去研究具體的技巧。

韓非子屬於法家，法家對中國的影響也很大，因此我們把他放到最後來說。

對於如何治理國家，儒、道、法三家的主張都不同。簡單的說，儒家主張道德治國，道家主張無爲而治，法家則主張依法治國。法家的觀點和我們現在的政治理念最爲接近：現代社會，就是一個強調法制的社會。

法家是一個很功利的學派，它強調政治手腕、謀略權術。法家的觀點大致有三個方面：

法，是剛才說的法律，這是用來對付百姓的。

術，是「權術」的「術」，講的是君王如何對待大臣，如何讓大臣服服貼貼地爲自己工作，不生結黨營私之心。

勢，是權力、權勢，講的是君王要牢牢地把權力掌握在自己手裡，保證政權穩固。

法家如此現實、功利的觀點，任何一個政治家都無法拒絕。政治爭鬥在本質上是力量的對抗和博弈，儒家道德仁義雖然講得好聽，但到了眞正的政治爭鬥中，你害我來我害你，光講什麼道德仁義，那不是說空話嗎？你仁義了，結果被政敵害死了，又有什麼用呢？所以中國古代的政治生活，都是「儒表法裡」，表面是儒家，內裡是法家。官員在公開的場合大談儒家道德，私下的手段是法家的權術。在古代的朝廷上，很多大臣用權術互相較量傾軋，什麼爛招都用，但表現在口頭上，卻全都是在指責對方不遵守儒家道德。

法家對中國歷史的影響非常深遠，最直接的影響，就是秦帝國的建立。

改變中國命運的男人——

秦始皇統一六國

一九七四年的中國北方氣候乾燥，陝西省臨潼縣西楊村的幾個村民按照命令，在村子附近挖井取水。誰知挖到一半的時候，村民發現了好多陶製的古代人俑。這些人俑殘破不堪，一些人俑的肢體被運到了地面。

這個村子在之前很多年裡，已經多次挖出過類似的人俑。當時的村民不知道這些人俑是什麼，有人認為是地下的小鬼，為了避邪，村民把人俑吊到大樹上抽打，又用鋤頭把人俑砸成一堆爛碎片。

這次也是一樣，有人把人俑的碎片帶回了家，有人把碎片隨意扔在了地上，還有一些人認為人俑是神像，燒香膜拜。隨著人俑一起挖出來的一些銅箭頭，被當作廢銅賣到了廢品收購站，還有幾個村民把部分人俑碎片運到了縣博物館，縣博物館的工作人員大概認為這個發現不重要，並沒有向上級報告。正巧一位老家在臨潼縣的新華社記者返鄉探親時，無意中聽到了這件事，他回到北京後，在《人民日報》上發表了一則訊息。直到這個時候，中國國家考古部門才第一次知道了這件事。

一開始，考古學家們以為發現的是普通的秦代陶俑。隨著挖掘的深入，才發現越來越不對勁：這片陶俑區似乎沒邊沒沿，竟然挖掘出了極大的一片區域。直到這時，考古工作者才意識到自己發現了什麼等級的寶物：他們發現了秦始皇的兵馬俑。

兵馬俑了不起在哪裡呢？

首先是規模大。已經發現的，包括已經損壞的人俑和馬俑共有八千多個，這在秦朝算是一支規模不小的部隊。已經發現的兵馬俑占地兩萬多平方公尺，相當於三所中型中學的面積。如果算上整個秦始皇陵的面積，規模更是驚人，兵馬俑與其相比只是很小的一部分而已，而且迄今爲止兵馬俑還沒有挖掘完畢，秦始皇陵更是紋絲未動。整個秦始皇陵到底有多大的規模，有多麼豪華的陳設，我們到現在還不能完全了解。

兵馬俑更了不起的，是它精湛的技藝。兵馬俑的尺寸是一比一地精確複製了秦始皇近衛軍團，不光是人俑上的盔甲、武器完全寫實，就連每一個士兵的面貌神態都各不相同。整個兵馬俑的布局也是按照秦朝軍隊的陣容布置。根據兵馬俑，歷史學家們得以複製出秦軍當年的豪華陣容：這是一支有多兵種協同作戰的部隊。戰車是衝鋒的主力，爲了彌補戰車不夠靈活的缺點，每輛戰車還分配了一部分步兵輔助作戰。弓弩手被安排在軍陣的前鋒和兩翼，負責在兩軍交戰的時候給予敵方第一波殺傷，以及掩護軍隊的側翼。那個年代還沒有發明馬鐙，騎兵不能成爲作戰的主力，而是肩負偵查、警戒、騷擾和通信的任務，因爲移動速度最快，被安排在軍陣的最後方。近距離交戰的主力是大量裝備完善的重步兵，這些步兵有的持短兵器，有的持長兵器，交錯排列，互相掩護，充分發揮每一種兵器的長處。可以說，秦朝的精銳部隊已經達到了當時科技水準最強的戰鬥力。在西元前兩百多年，秦始皇就是憑藉著這樣的軍隊橫掃諸侯，統一了中國。

當然，就像前面說的，戰爭勝負的根本原因是國力的強弱，而非一時一地的戰術。秦國能橫掃六國，從根本上說是因爲商鞅等能臣所實行的改革政策。在擁有了更先進的政治和經濟制度以後，秦國的國力逐漸超過了其他國家，秦國才能建立起這麼一支戰鬥力超強的部隊，還有用之不竭的兵員、糧草和器械裝備，所以成爲了最後的贏家。

秦朝之前的周王朝雖然表面上控制全天下，但實際上周王室只能直接統治首都附近的一小塊地方。秦始皇不同，在郡縣制下，皇帝可以透過複雜的官僚系統統御帝國的每一塊土地。在秦帝國裡，不再有什麼獨立的諸侯王，不再有分家一樣的分權模式，君王把自己的權力伸向了帝國的每一個角落。秦始皇是第一個眞正做到「家天下」的皇帝，整個中國都是他一個人的私產了。

當時的中國人並不知道世界是圓的，也不知道除了亞洲以外，世界上還有其他大洲，還有其他發達的文明。他們只知道中原是天下最文明、最富庶的地方。中原周邊的地區要麼太冷，要麼太乾，要麼太熱，要麼是大海，要麼是高山，沒有一處適合人類生活。那些地區的原住民生活貧困，文化落後，能勉強活下來已經是奇蹟了。

換句話說，在秦始皇看來，他已經征服了人類所有的文明世界。他是全天下最有權力的人。

我們一般人以爲，皇帝嘛，全天下最有權力的人，一定是想做什麼就做什麼。其實在中國大部分的朝代裡，皇帝的權力都受到了一定限制，有相當一部分權力掌握在官僚系統的手裡。這麼分配權力，是爲了保證政權的穩定性：作爲個人，皇帝可能是笨蛋，可能是暴君，什麼邪門的人都有。而一個由很多人組成的官僚系統要相對更穩定，能夠按照法律和慣性自己運轉。有了官僚系統來制衡皇權，就算皇帝再胡鬧，也能保證國家不會出大亂子。

這套分權的模式是古代政治家不斷總結前朝得失，反覆嘗試出來的。但秦始皇是有史以來第一個統一全中國的人，他沒有前人的經驗可以參考。秦始皇沒有想過爲了帝國未來的穩定，節制使用手裡的權力。他打算痛快地享受獨裁者的權力，想做什麼就做什麼。那麼，他最想做什麼呢？

秦始皇要做的第一件事，是鞏固帝國統治。

二

平定了最後一個諸侯國後，秦國天下無敵的軍團沒有了用武之地。於是，秦始皇把目光轉向了帝國的邊境。前面說過，北方游牧民族的入侵是中國古代史的一大主題，為了帝國的萬年基業，秦始皇決定澈底解決這個問題。

在秦始皇滅六國的時候，諸侯國拚盡全力抵抗秦軍的攻勢，沒有能力再去抵擋北方匈奴的進攻。秦始皇統一六國後，匈奴已經趁機占領了原來趙國的一些領土。秦始皇派大將蒙恬把這些匈奴趕跑，然後在邊境修築長城。

秦長城和我們今天見到的長城很不一樣。我們今天旅遊能登上的長城是明長城，今天的秦長城只剩下很少的一部分，好一點的地方可以看出是由石塊砌起的矮牆，差一點的只能看到一條稍高一點的土坡。如果沒有人說明，你只會當成是老百姓自己堆的土牆。

相對而言，秦長城的修築工藝要比明長城差很多——中間差著一千五百多年呢！我們熟悉的明長城由條石和青磚砌成，而秦長城多是用土夯成或用石頭砌成，高度也要比明長城矮一些。

長城並不都是像我們在旅遊景點見到的那種又高又大的樣子。長城這種大工程，能省一點是一點。一般來說，在游牧民族的騎兵可以馳騁的地段，長城又高又大，上面可以站立士兵。在地勢比較險峻的地段，長城比較小，上面不能站人，只能達到遮攔的作用。長城的建材也因地制宜，秦長城在容易取土的地方以土夯成，在不易取土的山區才用石頭砌成。秦長城也不是從無到有憑空修出來的，而是利用過去北方諸侯用來抵禦匈奴所築的城牆，把它們連在了一起。

即便如此，秦長城也是了不起的奇蹟。秦長城東到遼寧，西到甘肅，把整個古代中國的北方邊境線都攔住了。在那個沒有機械的年代，做這麼一件事耗費的人力物力是極爲驚人的。那些僅僅用土夯成的城牆，經過兩千多年的風吹雨打、人爲破壞，還能留下一部分被我們見到，足以說明秦長城的品質是非常可靠的。

順便一說，長城的作用主要有兩個。一個是我們都熟悉的，作爲屏障阻攔敵人。另一個作用是作爲便捷的軍事通道。前面說過，游牧民族的一大優勢是機動性好，可以集中兵力攻擊農耕文明的薄弱環節。崇山峻嶺中的長城可以抵消這個優勢，提高防守方的機動性：游牧民族發現一處打不下來，他想攻擊其他地方就得繞過群山。而防守方可以從長城上走近路，這樣就減少了駐守的士兵，降低了防守的成本。

秦始皇平定了北方後，還要平定南方。

春秋戰國的時候，中原文明的影響力最南只到達長江一線，離今天的廣東、廣西還有很遠的一段距離。這片地區當時被稱爲「越」的民族統治（所以今天有一個國家稱爲「越南」，就像「河南」指的是「黃河以南」一樣，「越南」指的是比「越」更靠南方的地區）。和匈奴不同，「越」沒有強大的騎兵，也沒有統一的領導者，對中原文明不構成威脅。但古代的國際關係是不講道義的，不是說你不欺負我我就不打你了——只要是好欺負的一律都欺負。秦始皇揮軍南下，一路打到了今天廣西、廣東的位置，並且在這裡移民設郡，永久駐紮下來。從此以後，今天的廣西、廣東地區都納入了中國的版圖。

搞定了國外的威脅後，秦始皇還要搞定國內的威脅。

秦帝國統一中國之初，關於採用什麼樣的政治制度，帝國內部發生了爭執。有的大臣認爲，應當像之前的周朝那樣分封諸侯，最起碼在邊境地區分封一些，讓這些諸侯幫助帝國抵禦境外的敵人。

但是秦始皇考慮到春秋戰國的連年征戰就是因爲分封制引起的，爲了避免天下再次大亂，他決定不再採用分封制，堅持選擇了郡縣制。這個決定減少了地方獨立的可能性，對中國變成一個統一的大帝國有著極爲深遠的意義，這一點前面的章節已經說過了。

除了政治，文化也需要統一。

在秦國統一之前，諸侯國各自爲政，缺少交流，各國採用的計量單位、文字寫法都不統一，每個國家都有自己的一套，這當然是統一的大帝國不能容忍的。

首當其衝的是貨幣。鑄幣是把握國家經濟命脈、增加政府收益的重要手段，自然要把持在朝廷手裡。秦始皇滅了六國，六國的貨幣也就跟著統一了。

朝廷要直接從地方收取賦稅，考察政績，這就需要所有上繳的錢糧、賦稅都使用統一的計量單位，所以還要統一全國的「度量衡」——「度」是長度單位，「量」是容積單位，「衡」是重量單位。這樣不僅國家管理方便了，各個地區之間的貿易也方便多了。

古代沒有柏油馬路，道路都用土鋪成，車輪在土路上行走會磨出車輪印。遇到下雨，土路變成泥路，車印被壓得更深，久而久之，就會形成兩道又深又硬的車轍。古代馬車的操控能力很差，行走在前人壓好的車轍裡，就如同火車行走在鐵軌上，非常省力。因爲這個原因，一個地區的馬車匠人都把車軸造成同一個長度，這樣就能適合別人壓好的車轍了，成語「閉門造車」的典故就來自於此。「閉門造車」的原句是「閉門造車，出門合轍」，意思是，如果按照同樣的標準製造車輪，就算是關起門來造車，出門以後也能讓車輪符合標準。今天「閉門造車」指的是關起門來做事，不考慮現實情況，和原意正好相反。

在秦始皇統一六國之前，各國的車輪寬度都是自行其是，本國的車到了外國很不方便。秦始皇統一之後，把全國的車輪寬度也就統一了，這就是「車同軌」。

更重要的，是統一文字。

諸侯國的文字用法本不一致。秦帝國統一後，朝廷要直接指揮國內所有郡縣的政務，全國只有使用一模一樣的文字才便於管理。秦始皇在全國推行統一的漢字寫法，這就是「書同文」。不過由於秦朝滅亡得太快，「書同文」的工作並沒有澈底完成，直到漢朝的時候才基本把這件事辦完。

「書同文」的意義遠遠不只「大家寫字方便了」這麼簡單，還對中國的長久統一有巨大的貢獻。今天，中國雖然說的都是「中國話」，但是各地口音有著天壤之別，你讓兩個說家鄉話的東北人和廣州人來一番對話，其交流難度和遇見外國人也差不多了。方言的巨大差異，是由於中國地域廣大，地區之間缺乏交流造成的，在古代原始的交通水準下，這種差異就更明顯了。

如果地區之間缺乏頻繁的文化交流，日久天長，方言各自發展，必然會形成完全不同的語言。今天很多歐洲國家的語言都源自原始日耳曼語，但因爲歐洲分裂，同一個原始日耳曼語逐漸分裂出德語、英語等等不同語言。語言的分裂又進一步造成文化的分裂，想要再統一就很難了。

要統一方言，需要改變全國人民與生俱來的生活習慣，這事太難了，就算今天都做不到。但是統一文字卻很方便，因為全國的官僚都掌握在皇帝手裡，只要皇帝規定官府的往來文件都必須使用相同的文字，就可以實現「書同文」了。

春秋秦漢時代，漢字主要寫在竹簡和絲綢上，因為竹簡空間有限、絲綢價格昂貴，所以必須節約用字，言簡意賅，因此形成了和日常用語完全不同的書面文字，也就是我們俗稱的「文言文」。文言文是一種脫離生活的文字，和日常用語無關，也就不會受到方言的影響。在秦始皇統一文字後，來自天南地北的兩個中國人互相說話可能誰也聽不懂，但是他們可以透過紙筆進行毫無障礙的交流。一封信、一本書，都可以在全國範圍內傳播，不會遇到阻礙。文字可以在全國範圍內流動，文化也就容易統一了。

文化的統一，對國家的統一至關重要。

為什麼在秦朝以後的有些時代裡，中國分裂成了很多小國，但是絕大部分中國的知識分子都認為中華民族仍舊是一個整體呢？是因為所有的知識分子們閱讀的都是相同文字的書，他們所學習的知識、所受到的教育是一樣的。大家的文化是一樣的，觀點是一樣的，想法是一樣的，那還有什麼理由要分開呢？

統一全國知識分子的思想，這件事的重要性秦始皇也意識到了。

世界上所有的獨裁國家，爲了防止被顚覆，都要用暴力強制統一國家的意識形態。說白了，就是要求知識分子不能想不該想的事，不能說不該說的話。知識分子是國家的精英，萬一他們質疑獨裁者的合法性，並且得到了廣泛的認同，這獨裁者的統治不就岌岌可危了嗎？

中國歷朝歷代的統治者都做過統一意識形態的事，區別是，秦朝以後的諸朝，欽定的意識形態都是儒家，只有秦朝欽定的是法家。

三

儒家和法家的區別，在上一章已經簡單說過了，在實際操作中，儒法兩家的區別其實不是很大。儒家以禮教治國，但在教化老百姓的同時，也要用暴力馴服反叛的個體；法家以刑法治國，但施行刑法的最終目的，是要讓百姓的行爲符合倫理規範。說到底，古人中國政治的眞相其實是「儒表法裡」，兩個手法都要用的。

從這個角度來看，秦始皇和後世的帝王相比，差別並不大，但是因爲後世的儒生不遺餘力地攻擊法家，所以秦始皇成了歷史上的反面典型，他的一些行爲被掛上了「法家暴君」的名號，被有意無意地誇大了，最典型的就是「焚書坑儒」。

「焚書坑儒」是兩件事：「焚書」和「坑儒」。「焚書」和郡縣制有關。前面說過，秦帝國在剛剛統一中國以後，朝廷內部曾經討論過應該採取分封制還是郡縣制，背後支撐這兩種政策的，分別是儒家和法家。儒家推崇周朝禮制，周朝實行的是分封制，因此當時的儒生多支持分封制；法家是改革家，主張商鞅那樣的變法，所以法家支持的是郡縣制。秦國以商鞅變法起家，自然偏向法家的觀點，最後也選擇了郡縣制。

這場爭論的背後折射出了儒家和法家的衝突。丞相李斯也是法家人，經過這件事，他意識到在整個國家中還有很多反對法家觀點的人，這是講究權術的法家不能容忍的。法家主張「輕罪重判」，辦事得狠。於是由李斯主導，由秦始皇批准，在全國範圍內下達了焚毀非法圖書的命令。這就是「焚書」。

「焚書」的史實基本沒有爭議，「坑儒」是否為史實則有不同的說法。一般的說法，是秦始皇聽說有一些知識分子批評皇帝，他想要殺一儆百，給那些管不住嘴的知識分子一點顏色瞧瞧，於是殺了首都附近四百多位讀書人，這就是「坑儒」。

焚書坑儒是用暴力禁錮言論，性質當然是惡劣的。德國詩人海涅有一句名言：「在他們開始燒書的地方，他們最終會燒人。」秦始皇直接把這兩件事一起做了，充分展示了獨裁者的殘忍與蠻橫。

但是，相比後世乾隆等朝的文字獄，「焚書坑儒」的破壞力其實有限。「焚書坑儒」並不是全面地殺人和禁書。

「坑儒」殺了四百多人，固然恐怖異常，但全國有千千萬萬的讀書人，秦始皇只「坑儒」一次，是斷不了讀書人的血脈的。「焚書」也不是很澈底。政府蒐集禁書的力道有限，而且所焚燒的禁書在皇宮內留有備份，所以秦始皇焚書並沒有澈底銷毀太多的圖書。眞正狠的是後來乾隆的那種做法：在全國範圍內篩濾一樣地查找禁書，找到的澈底銷毀，還把一部分禁書編到了《四庫全書》裡，卻在不注明的情況下悄悄把其中「忤逆」的文字篡改了，讓後世的知識分子讀的全是修改版還不自知。

秦始皇可以蓋長城、征南越，他想做的事就沒有做不到的，如果他眞要有心滅殺天下文人和書籍，動靜不會這麼小，次數不會只有一兩次，所以「焚書坑儒」主要還是恐嚇的成分居多，並沒有眞與讀書人較勁。不像乾隆等人，是長年的、有系統的殺人毀書，可是世人談論乾隆都是千古一帝，談論秦始皇卻都是獨裁暴君，這多少有些不公平。

在秦朝統一中國兩百多年後，歐洲出現了一個和秦帝國類似的大一統國家：羅馬帝國。羅馬帝國的面積比秦帝國更大，統治的時間更長，但是在羅馬滅亡之後，歐洲再也沒有成爲統一的大帝國，而是分裂成了諸多民族國家。

爲什麼中國會不斷地重新統一，而歐洲會陷入分裂？這和秦始皇統一後的國策有很大的關係：採用郡縣制，統一文字、貨幣和度量衡。

假如秦始皇沒有採取這些國策，或許隨後的中國不會走向統一，說不定今天山東人到河北還需要先辦個簽證，廣東人去廣西還需要先僱個翻譯，那樣的生活簡直令人咋舌了。

農民起義都是正義的嗎？——

秦末之亂

從陳勝、吳廣大澤鄉起義到「楚漢之爭」結束的這段歷史，情節非常精彩，有很多傳奇的故事，產生了諸如「破釜沉舟」、「背水一戰」、「胯下之辱」、「鴻門宴」、「明修棧道，暗度陳倉」、「四面楚歌」、「霸王別姬」等等一大堆典故，甚至中國象棋中間的分界線都稱爲「楚河漢界」。遺憾的是，因爲篇幅限制，沒有辦法提及這些具體的故事，建議大家找一本可靠的歷史小說來看，或者搜尋上述典故讀一讀。學習歷史最好的辦法是讀精彩的故事，用故事來串歷史，不費力就把歷史事件都記下來了。

這裡不講具體的故事了，只介紹歷史的大致主線。

秦始皇去世後，繼位的胡亥繼續父親的苛政。受苛政逼迫，陳勝、吳廣在大澤鄉起義。秦軍打敗了陳勝、吳廣，但是被項羽、劉邦的軍隊合力剿滅，秦朝滅亡。秦亡後，劉邦和項羽展開了爭奪天下的戰爭，稱爲「楚漢之爭」，最後劉邦打敗項羽，建立了新王朝。由於劉邦之前被項羽封爲「漢王」，所以稱新王朝爲「漢朝」。

秦始皇在統一中國後，做了很多事情來維持帝國的統治。他的很多做法都是厲害的，奠定了中國長久統一的基礎，光憑這一點，秦始皇就是一個非常了不起的人，但他還是辦錯了一件事。

人在一帆風順的時候難免會高估自己的能力，秦始皇也是一樣，他達到權力頂峰的那一刻，也是他最有自信的一刻，他以為自己做的任何事都是正確的。秦始皇太有自信，結果步伐就邁得有點大了。

在不長的執政時間裡，秦始皇做了一大堆事：他造長城、征南越，把大量的囚徒和百姓遷到帝國邊境。他還開鑿運河、建造從首都直達邊境的高品質馬路，這些在古代都是極為龐大的工程，每一個專案都要消耗大量國力。這還不算，他還調動全國的民力來滿足他的私欲。

秦始皇每攻滅一國，就在首都咸陽附近仿建該國宮殿，大有「凡是你們享受過的，我都得享受一遍」的架勢。這還不滿意，秦始皇又建造規模和奢侈程度都史無前例的阿房宮。此外，秦始皇又建造自己的陵寢，建造了兵馬俑，這些工程規模之大，甚至連後世的帝王都比不過他。秦始皇還花重金僱傭方士，組織艦隊出海尋訪仙藥，又在全國長途巡遊五次，所到之處都要修馬路、建行宮。這花費的民力，可不是一星半點了。

中國自古以來有兩種形式的賦稅：一種是實物稅，百姓要把生產出來的一部分產品上交；另一種是勞役，每戶百姓定期提供一些壯丁給國家免費勞動，或者參軍戍邊。秦始皇無論是組織軍隊還是做大工程，都需要大量的人力。正常的勞役不夠，就需要老百姓延長勞動時間，不僅工作本身極爲辛苦，也耽誤了正常的農業生產，耽誤到一定程度，就等於把老百姓逼入了絕境。

率先舉起反秦大旗的陳勝、吳廣，就是在去戍邊的路上和同去的百姓一起造反的。隨著陳勝、吳廣的起兵，在短短的兩年時間裡，秦帝國就滅亡了。

注意，只有兩年哦！

在前面，我們用了好幾章的篇幅來講秦國爲什麼能夠崛起，講秦帝國的制度有多麼先進，軍隊有多麼精良。相比之前講過的這些優勢，這秦國滅亡的速度也太快了吧！

陳勝、吳廣的造反，距離秦始皇統一六國只有短短十二年的時間。秦帝國那支橫掃六國的強大軍隊還在，爲什麼剛剛橫掃了六國正規軍的秦國軍隊，反倒打不過由普通百姓拼湊起來的「烏合之眾」呢？

答案在前面的章節裡已經說過了。前面說過，決定戰爭勝負最重要的因素是國力。秦始皇把大量的國力浪費在修宮殿、修陵墓，以及南征北戰等對強化國內穩定並無幫助的事情上。國力浪費得太多，等眞正需要鎭壓反叛的時候，已經沒有足夠的國力用來支撐、補給部隊，那就只能等著失敗了。

秦軍的國力是不行了，那叛軍的實力又是從哪裡來的呢？是秦始皇自己送的。

普通百姓的生活方式很簡單，一言以蔽之：「趨樂避苦」——遇見好事就上，遇見壞事就躲。造反是殺頭的大罪，在平時，老百姓最優的選擇自然是服從官府，只要服從，至少能活著，總比被官府打死了要好，除非是活不下去了。如果老百姓被朝廷逼得一絲活路都沒有了，他會發現，選擇服從朝廷百分之百會死掉，選擇造反還有一定的可能不會死。

那爲什麼不去造反呢？

陳勝、吳廣在造反的時候就說：「等死，死國可乎？」——造不造反都是死，那還不如爲建國而死呢！

秦帝國役使民力太重，民力被壓榨到了極限，那些被逼到死亡邊緣的百姓都有反叛帝國的動力，一有機會就會揭竿而起。當被逼到極限的百姓多到一定程度的時候，就會出現大澤鄉起義時的效果：剛一打出反抗統治者的口號，就遍地都是呼應聲，反叛軍每到一個地方，都會有大批被逼上絕路的百姓加入隊伍。反叛軍的實力增長得異常迅速，等到反叛軍的實力超過了帝國日益衰弱的國力，造反的成功就是歷史的必然了。

歷史上大部分有影響的平民起義，都是這個模式。

簡單地說，秦帝國的滅亡是秦朝統治者自己造成的，先是自損國力，自毀長城，又把珍貴的民力拱手送給了叛亂一方。秦帝國全線崩潰的種子早就被自己埋下，陳勝、吳廣等人的造反，只是順勢而為罷了。

二

上面一節，我們講的是秦帝國為什麼會滅亡——役使民力過重，用老話說，這叫「失民心者失天下」，那麼，首先扛起造反大旗的陳勝、吳廣，又為什麼能稱霸一方呢？為什麼偏偏是陳勝、吳廣，而不是其他的造反者呢？是不是因為陳勝、吳廣有什麼過人之處呢？

不是，說一個笑話：

有一個學校，主任聽說最近學生的出席率太差了，非常生氣。於是某一天上課的時候，主任突擊檢查，進入教室說：「沒來的學生舉手！」結果一看，一個舉手的學生都沒有，於是主任轉怒為喜：「原來出席的情況很好嘛！」然後高興地走了。

這位主任犯了什麼錯誤？他在調查取樣的時候，樣本是經過人為篩選的。教室裡的學生都是已經出席的，從這群學生裡再調查出席率，結論當然是荒謬的。用統計學術語說，這叫做「倖存者偏差」，我們讀歷史的時候，也容易犯這個錯誤。

我們看多了歷史書，很容易會覺得造反這事其實不難，你看，書上都寫了：某朝末年，民不聊生，某某英雄造反，成功了；另一朝末年，民不聊生，某某英雄造反，又成功了，這成功率還挺高的嘛！

我們在這裡犯的錯誤和剛才那個主任一樣：只有那些在歷史上獲得巨大成功的造反者才會被史書記載，爲數更多的造反者失敗了，書裡沒有提他，所以我們才會覺得造反的成功率很高。

其實，並不是只有「某朝末年」才有百姓造反，也不是只有「民不聊生」的時候才會有英雄出世。百姓造反什麼時候都有，什麼結果都有。因爲所謂的「民不聊生」、「民心思變」都是史學家的事後之言，是站在後人的角度先看到王朝滅亡的事實，再倒推出「民不聊生」的結論。身處歷史之中的民間英雄們，他們可不知道自己正値可以大展宏圖的「王朝末年」，還是國力尙足的「承平年間」，他們也顧不上考慮這件事，情勢逼人，反了也就反了，能反出什麼結果來，不試試誰也不知道。

絕大多數的結果，都是悲劇。

大多數「好漢」，不過是占了一個縣城，殺了幾個差役，東奔西跑在山裡躲了些日子，就被官兵剿滅了。這樣的人在歷史上根本留不下名字，頂多在地方志或者朝廷的檔案裡留下一個「王二麻子」、「李大膽」之類的外號，具體的來龍去脈史學家們根本不屑於記錄。少數「英雄」幸運一點，糾集了上千上萬名弟兄，打下一兩個州府，打出了自己的旗號，甚至大言不慚地稱了一回皇帝，沒高興兩個月也身死夢破了。這樣的人或許能在史書中留下一筆，但也僅僅是一筆，如果不去讀史書原文，你也不會知道他們。

還有極少數更厲害的角色，打下半壁江山，成了割據一方的勢力，在群雄中笑傲過，在中原上馳騁過，但最終還是功虧一簣，成爲了帝國鎮壓部隊的功績，或者是其他英雄的墊腳石。這樣的人在歷史書上也不是全都能提到，只能挑其中最有名的幾位提一提罷了。

爲什麼陳勝、吳廣能掀起反秦的大旗，能席捲大秦的半壁江山？他們有什麼過人之處嗎？不能說一點過人之處都沒有，他們肯定要比一般的百姓更有領導能力，更善於鼓動百姓，要不然大澤鄉好幾百人，也不能讓他們來當領袖。但是，他們的能力並不一定超過歷史上那些只占了幾個縣城就被剿滅的流寇。

在陳勝、吳廣之前，也有很多類似的起義者，但是因爲時機不對，剛冒頭就被地方軍鎮壓了。在陳勝、吳廣之後，也有很多類似的起義者，同樣是因爲時機不對，只能投奔已有的義軍，爲陳勝、吳廣這樣的人當將領。

陳勝、吳廣能夠在歷史上留下名字，是因為他們起事的時候正好遇到秦政權崩潰的臨界點，假如他們沒有遇到，也會有其他什麼張三、李四之流的遇到，到那個時候，被歌頌的大英雄就是張三或李四了。

所以，是歷史創造了陳勝、吳廣，而不是他們創造了歷史。

對於陳勝、吳廣的成就，常見的解釋是：「得民心者得天下」，這個話題可以詳細聊一下。

我們知道有一句話叫「得民心者得天下，失民心者失天下」，這是儒家的史學觀，認為人間萬物的根本大道是「仁」，君王施仁政就可以「得民心」，得民心就得天下；君王施暴政則會「失民心」，失民心就會失天下。

這句話後半句沒有問題，前面以秦帝國的崩潰為例子講過了，但是前半句有問題。問題的關鍵，就在剛剛說過的一句話裡：廣大百姓的生活方式是「趨樂避苦」。在老百姓被逼到絕路的時候，「民心」的作用非常明顯，決定了百姓們支持哪個政權。可是在尚有一絲活路的情況下，你再「得民心」，也很少有人願意冒著被殺的風險放棄家園去跟你造反，百姓不在乎哪一方更正義，百姓只想苟活而已。

我們可能會有一種錯誤印象：以為大眾總代表著進步，以為老百姓都是公正的道德審判員，自覺地站在道德水準高的統治者一邊，事實恐怕不全是這樣，否則，怎麼會有魯迅筆下「哀其不幸、怒其不爭」麻木的中國人？

事實是，大部分百姓未必有多高的道德素質，只有「趨樂避苦」的人性本能（想想一開始說那個自私的基因），正義的口號喊一喊可以，要我去犧牲？對不起，您去吧！我的命就一條，我可不去，人死了就什麼都沒有了呀！人的本性如此，不用避諱，也不用苛求。

好，假如我們否認掉「得民心者得天下」這一條，那麼在群雄爭霸的時候，決定勝負的是什麼呢？

還記得秦帝國的崛起嗎？決定勝負的是國力，是高效合理的治國政策，是賞罰分明的用人制度。合理的國策帶來強大的國力和軍事實力，也就會帶來勝利。略次於國力的要素是戰略方向。國力有了，如果把國力使用在錯誤的地方，也有可能導致失敗。好比秦始皇在統一六國的過程中，六國中的一些國家還在互相攻伐，不能及時結成同盟共同對抗秦軍，這是六國犯的一個戰略錯誤，也是加速六國滅亡的原因之一。

秦帝國在滅亡時，也犯了戰略錯誤。在百姓遍地造反的時候，秦軍的主力部隊都在邊疆——一支在北方修築長城，一支在南越駐守。古代交通不便，這兩支遠在天邊的部隊不能及時回防，那支駐守南越的軍隊後來乾脆就不回去保衛朝廷，就地獨立了。

陳勝、吳廣的失敗，並非由於「失民心」，而是因爲他們犯了戰略錯誤。陳勝和吳廣的才幹很平庸，大吼一聲，聚集一批勇士的能力有，制衡諸侯運籌帷幄的能力卻沒有。秦朝滅六國不過十餘年，六國的故人大都尚在，陳勝、吳廣的旗幟打出來以後，原來六國的舊貴族和舊百姓都站出來要求恢復他們的舊國。想要打敗強大的秦軍，陳勝、吳廣必須利用這些反秦勢力，但是這兩人缺少牽制利用舊貴族的能力。陳勝把六國的舊貴族派往各地收復故土，這些被派出去的部隊一旦打下城池，就紛紛自立，不聽陳勝的命令。

總之，陳勝、吳廣能力不足，戰略一塌糊塗，失敗也就屬於必然。項羽比陳勝、吳廣能力更強一些，勝績也就更多一些。

項羽是楚國貴族，他的家族在楚國非常有威望，因此項羽有整個楚國的勢力支持他。這是項羽背後的國力基礎，比陳勝、吳廣那種無依無靠的平民百姓要高多了。項羽還是個歷史上少有的軍神等級軍事天才，他訓練的部隊戰鬥力極高，作戰勇猛，項羽本人又善於運用戰術，當時橫掃六國叛軍的秦軍主力和項羽硬碰硬地正面交戰，竟然被項羽打敗了。項羽如此剛勇，六國貴族紛紛臣服，奠定了項羽的統帥地位。

總之，項羽比陳勝、吳廣在資源上、能力上都強一點，所以他的成績也就更大一些。

劉邦呢？又是另一種玩法。

如果拿網路遊戲打比方的話，項羽這個角色的戰鬥技能加滿了，但是外交技能忘了加；劉邦正好相反，戰鬥技能一點都沒加，外交技能卻加滿了。

項羽是楚國貴族，他只能得到楚國百姓由衷的支持。其他諸侯國雖然臣服於項羽，只是因爲欽佩和恐懼，並非同心同德。項羽稱霸的時候只有二十歲出頭，還是個毛頭小子。他一路攻略殺伐，沒遇到敵手，自然有些心高氣傲。項羽滅掉秦國以後，認爲天下都是自己打出來的，對其他諸侯國不知道籠絡，只知道遏制，因此得罪了不少諸侯。當時不僅僅是劉邦在反抗他，還有不少諸侯也反叛了他。不應該在同一時間得罪所有人，這是項羽在戰略上犯的錯誤。

劉邦不同，劉邦大項羽二十多歲，項羽稱霸的時候，劉邦已經四十多歲了，社會經驗非常豐富。劉邦從小就混跡在市井和基層官吏之間，深刻了解人性，懂得利用人的弱點。劉邦實力不如項羽，但是他能夠用盡一切手段策反天下諸侯，時而離間，時而拉攏，讓諸侯幫助他圍攻項羽。項羽再能征善戰，也只能靠楚國一地的國力，終究打不過天下諸侯的輪番進攻。最後項羽終於戰敗，把天下讓給了劉邦。

簡單說來，劉邦的國力比項羽的差，但也沒有差太多（沒有差到項羽隨手就能把劉邦滅了的程度），同時，劉邦的戰略水準又比項羽高出好幾個等級，用戰略上的優勢彌補了國力上的差距，所以能贏得最後的勝利，這就是政權爭霸的勝負規律。

兩千年來，無數英雄競相登上逐鹿中原的舞臺，無數將士血染疆場。他們中有些人創立了千古偉業，有些人只是曇花一現。在這兩千年的起起伏伏中，到底有沒有什麼可以遵循的規律？儒家總結的規律是「得民心者得天下，失民心者失天下」。

我的觀點不太相同。我認爲，決定政權勝負的第一是國力，在國力相差不懸殊的情況下，戰略也能達到很大的作用，至於謀士的策略、將士的勇武、一場戰鬥的勝負，它們的影響力就小多了。「民心」也不是沒有用，但只有在統治者把百姓推向死亡邊緣的時候，才會對政局有影響，它的作用是讓暴君把自己的民力白送給敵對勢力，本質上改變的還是國力。

三

有的書裡，把從陳勝、吳廣、劉邦、項羽他們起義開始，一直到「楚漢之爭」之前的這段戰爭，都定義爲「農民起義」，也就是說陳勝、吳廣、劉邦、項羽，他們都是「農民起義軍」。

這個定義仔細想想，有一點古怪。

為什麼非說是「農民起義軍」呢？如果以領導者的身分來認定的話，陳勝、吳廣倒是農民，但項羽就不是了，項羽是貨眞價實的舊貴族，他的崛起靠的是他舊貴族的威望，劉邦也不是農民，劉邦在起事之前，一開始是個盲流（從農村或落後地區盲目流入城市或發達地區的人），他的兄弟都老老實實地種田置業，偏偏就他拒絕勞動，整天混吃混喝。後來劉邦在政府裡找到了一份工作，身分變成了下級小吏。再後來劉邦反叛政府，躲到山裡為寇，他的身分是匪徒，總之，他的哪一個身分都和農民不沾邊。

也許，這裡的「農民起義」指的不是領導人的身分，而是說軍隊的主力是農民？可是這樣也說不通，古代絕大部分人口都是農民，任何一個軍隊的主力都是農民，秦始皇也是讓天下百姓為他服兵役的呀！那秦軍算不算是一支「農民軍隊」呢？

想要明白為什麼這麼說，就必須先了解這個觀點的理論邏輯。馬克思主義認為，在一個社會裡，主要存在兩個階級：剝削階級和被剝削階級（也就是我們前面講過的「勞動者」和「享樂者」）。剝削階級和被剝削階級處於激烈的、不可調和的爭鬥中。

舉個例子，用馬克思主義來分析美國社會的話，不難發現，在美國社會裡，被剝削階級是藍領工人、卡車司機、端盤子的服務員；剝削階級是那些高收入的富人，包括華爾街菁英、工廠董事、大公司CEO等。在美國，大部分時候，這兩個階層的人並沒有天天打架，窮人見到富人並不是眼冒怒火，富人見到窮人也不是頤指氣使。大家相處很融洽，可以成爲朋友，可以在一塊拍肩膀喝啤酒。這場景或許應該叫「倉廩實而知禮節」，是社會發達、先進的表現。但是在馬克思主義看來，美國窮人和富人之間的和諧只是一種假象，窮人和富人之間的衝突才是美國社會的本質，他們早晚得發生激烈的衝突。

在美國，有時兩個階級也發生衝突，比如美國的工會爲勞動者代言，總與資本家談判，要求提高待遇什麼的，資本家不答應，工會就發動罷工。這種情況在現代一些學者看來，是社會不同勢力之間博弈、平衡的必然過程，是社會衝突的潤滑劑，是減少社會內耗的一種有益手段。但是在馬克思主義看來，工會和資本家之間的衝突才是社會最本質的一面。這種爭鬥不僅是必然的，而且還是不可調和的，最終會越來越激烈，直到你死我活，工人武裝造反、資本家拿槍鎮壓的地步。

對於古代史，馬克思主義也是這麼分析的。

前面說過，從秦朝到清朝的這段時間，被剝削階級是農民，剝削階級是地主。按照馬克思主義的理論，農民和地主之間的衝突是最爲深刻的、不可調和的，當這種衝突積累到極點，必須爆發的時候，就是農民起義，也就是說，馬克思主義認爲秦末的遍地戰爭是一種歷史的必然，是階級衝突不斷積累的後果——也許秦始皇不過度役使民力，給百姓一點活路，百姓暫時不會造反。但階級衝突早晚會爆發，這場戰爭也早晚會來，頂多晚幾年罷了。

按照這個觀點，秦末戰爭是農民階級和地主階級之間的戰爭。農民階級就是那些被秦始皇奴役過重的百姓，地主階級就是秦帝國的官吏和軍隊，所以，這場戰爭才能被定性為「農民起義」。

為什麼說劉邦、項羽在反對秦帝國的時候，也屬於「農民起義」呢？道理是這樣的：馬克思主義的歷史觀認為，歷史大勢是一種必然，不以個人意志為轉移。劉邦、項羽從表面上看是貴族，是領袖，是一呼百應的將軍，其實不是他們創造了歷史，而是歷史創造了他們，他們只是歷史的棋子。劉邦、項羽本人不屬於農民，也並不一定為農民階級著想——劉邦想要的，大概是出人頭地；項羽想要的，大概是光復楚國——但是，這兩個人心裡怎麼想的不重要，重要的是，他們只有維護農民階級的利益（也就是帶領被壓迫的農民去反抗殘暴的秦國政府），他們才能獲得廣大百姓的支持，才有可能在爭霸戰中獲勝。所以，不管劉邦、項羽主觀上願不願意，在抗秦戰爭中，他們事實上都代表著農民階級的利益，順應了農民階級反抗地主階級的意願，所以，劉邦、項羽在反抗秦帝國的時候，屬於「農民起義」。

秦帝國被打敗以後，劉邦和項羽之間又展開了爭霸戰爭。在馬克思主義看來，這個時期的劉邦和項羽就不是農民起義軍了，他們屬於「統治階級爭奪帝位」的爭鬥。因為楚漢之爭並不是農民階級和統治階級之間的衝突——說白了，跟著劉邦和項羽打仗的士兵，他們不是因爲被官府和地主欺壓得活不下去了才去打仗，他們打仗僅僅是爲了功名利祿，或者人在軍中身不由己，這場戰鬥的目的，也不再是爲農民爭一線活路，而是變成了誰統治天下的問題，類似於春秋戰國時期的爭霸戰爭。

以上，就是「階級史觀」的思路。

「階級史觀」是用來分析歷史眾多工具中的一種，它有一些問題，比如：它只適合分析宏觀事件，不能用來分析微觀現象。再比如：不能說被剝削階級就一定代表了正義，不能說只要某支隊伍的身分屬於農民起義軍，它就只做對事，不做錯事。但整體來說，它是一個非常方便的歷史工具，可以幫助我們把複雜的歷史事件變得簡單而又有條理。

如何當一個好皇帝——

漢朝興亡

一

漢朝是個壽命很長的朝代，持續了四百二十多年，這是一個什麼概念呢？從我們現在往前算四百二十年，那還是明朝萬曆年間，把清朝直接跨過去了。

漢朝這麼長的時間，我們只有一章的篇幅來講它，因此只能挑最重要的幾件大事來說，這幾件事是：文景之治、武帝中興、王莽代漢、劉秀建立東漢王朝、東漢衰敗。

這一章講的是漢朝的政治史，更具體地說，我們要講的是帝國的興衰規律——爲什麼一個朝代有盛世又有亂世？當權者到底做錯了什麼導致了王朝的滅亡？有沒有什麼辦法，能夠永遠停留在盛世裡，王朝永不滅亡呢？

我們來講一講其中的規律，先說文景之治。

「文景之治」指的是在漢文帝、漢景帝的時候，帝國四海昇平，經濟繁榮，錢多到都爛在了倉庫裡，這樣的時期被歷史學家稱爲「治世」或者「盛世」。

文、景兩朝，能夠出現如此繁榮的局面，是不是因爲文、景二帝有什麼過人之處呢？不是，主要是他倆運氣好，我來講講其中的道理。

在古代，中國的主要經濟形式是「自然經濟」，意思是，老百姓生產出來的大部分商品只供自己使用，人和人之間的交易行為很少。這是因為古代的交通水準太差，運輸商品的成本太高，賣點東西還不夠路費呢！所以古時候的農民從種田到種樹種菜、養豬養牛、種桑種麻、紡線織布、建屋搭橋，這些工作全都是自己一手包辦，這種經濟模式的特點，造成農業生產受國家經濟政策的影響很小。

舉個例子，我們今天是商業社會，農業生產受經濟政策的影響就很大，比如國家一調漲油價，這就意味著運輸肥料、農藥、農產品的成本提高了，農民會發現化肥、農藥比過去貴了，生產出的農產品卻賣不出原來的好價錢了。可是古代的農民就不會遇見這種事，因為他們很少買賣東西，他哪會管你市場價格是多少呢？國家再怎麼調整經濟政策也不會影響他的生活。

那麼，有哪些因素能影響到農業生產呢？有幾點很容易想到：

一個是自然災害，天災會嚴重破壞農業生產。

一個是戰亂，要是戰火燒到了自己的家園，那也不可能生產了。

一個是賦稅，政府稅率高，動不動就把百姓拉出去作傜役，自然會嚴重打擊生產；反之，低稅率和低勞役，可以刺激生產。

以上是幾個比較明顯的因素，下面再說兩個稍微複雜一點的：

一是土地兼併。

在古代，占有土地是最保險、最穩定的投資方式。古人想要積累財富，最好（而且幾乎是唯一）的辦法是買地當地主，因此古代權貴都想盡辦法多占土地。

你要說老百姓愛惜自己的土地，拒絕賣給權貴行不行？還眞不行。平時你不想賣沒關係，一旦遇到大災荒的時候就麻煩了。災荒時，雖然所有的田地都有損失，可是大戶因田糧多，基數大，很容易就能湊出一點糧食度過荒年。田少的農戶抗災能力差，稍微有點損失就到了生死邊緣。這個時候，大戶人家就可以趁機用低廉的價格吞併土地。再者，中國古代也不講究保護百姓的私有財產，權貴很容易利用特權霸占土地，久而久之，土地也就集中在了少數人手裡，很多百姓失去了土地，變成雇農或者流民。

當土地過度集中的時候，國家經濟就會出現問題了：土地兼併的第一個惡果是減少國家稅收。

中國不少朝代都施行「人頭稅」——按照人口來徵稅。官府拿著一本戶籍，對著上面的紀錄去找老百姓要錢、拉他們參加徭役。

土地兼併導致很多百姓成為失去土地和住屋的無產者，這些人的名下沒有固定資產，很容易躲避戶籍官員的搜索。他們之中很多人投靠了占有大片土地的權貴，他們為權貴工作勞動，權貴幫助他們隱瞞身分，不登記在戶籍裡，也就不用再繳「人頭稅」，這種行為，相當於權貴和老百姓合謀逃稅，老百姓把本應該繳給國家的賦稅繳給了地主。這雖然沒有直接傷害經濟生產，但讓國有資產流失到了地方豪強的手裡，日積月累，朝廷手裡的錢越發不夠用，迫不得已只能加稅，這就加重了百姓的負擔，又進一步刺激了百姓脫離戶籍。我們看各個王朝的末代，朝廷總是瘋狂加稅，稅賦層層疊疊還是不夠用，土地兼併和百姓脫離戶籍就是原因之一。

土地兼併的另一個惡果是貧富差距加大。貧富差距越大的社會越不容易抵擋災害、戰亂的衝擊。打個比方，在土地兼併不嚴重的時候，假設來了一場不太嚴重的自然災害，每戶人家損失了一些糧食，由於家家都儲備了一些餘糧，結果沒有人因此挨餓，災後還可以恢復生產。要是在土地兼併嚴重的時代呢？來了一場災害，富人受到的損失可以忽略不計，可是大量貧苦百姓因為平時缺少積蓄，都陷入了破產和饑荒。破產的農戶無法開始農業生產，這破壞了經濟；饑民導致犯罪或造反的事件增多，這也破壞了經濟。

以上說的是土地兼併對農業經濟的影響。

第二個要說的是人口數量對農業經濟的影響。

農業生產糧食的多少受制於土地面積。當人口很少，土地來不及種的時候，人口越多，生產力就越高。古代沒有避孕的概念，在和平年代人口的增加速度很快。當人口增加到一定程度時，土地不夠種了。這時新增加的人口沒地可以種，沒辦法生產更多的糧食，卻多消耗了一個人的口糧，到了這個時候，人口增長反倒成了國家經濟的負擔。隨著人口的繼續增加，會有越來越多的百姓處於貧困境地。一旦出現自然災害的時候，他們還有可能犯罪或造反，進一步破壞經濟。

因爲這個規律，中國歷史上的人口數量和經濟規模總是處於周期性的波動中：在和平年代，人口數量穩定上升。當上升到一定程度以後，人口的增加開始拖累經濟，國家的經濟走向下坡，再加上土地兼併日益嚴重，貧困百姓越來越多，國家的收入越來越少，朝廷逐漸入不敷出。這時如果又遇到了大規模的災荒或者戰亂，朝廷拿不出錢賑災或者打仗，滅亡也就指日可待了。

新的政權上臺以後，由於之前的災害和戰亂消滅了大量人口，人口對國家經濟的負擔不再存在；又因爲政權更替，前一個朝代的權貴被成批消滅，土地兼併也得到了改善。這時只要新政權採取低賦稅，百姓自然會努力生產、開墾土地，國家財富和人口便會穩定增長。過了一段時間，就形成了史書中所說的「四海昇平」、百姓「安居樂業」的盛世王朝。等國家經濟再發展，就不可避免地又走向衰落了。

漢文帝和漢景帝之所以開創了「文景之治」，就是這個原因。

秦末的中國發生了曠日持久的戰爭，先是反秦戰爭，又是楚漢之爭，人口大量減少，舊的權貴被重新洗牌，這替漢初經濟崛起創造了條件，而且漢初的幾位皇帝都信奉老子的治國主張，採取「無爲而治」的政策。國家少管百姓的事，這節約了管理成本，也就能減少賦稅。再加上漢文帝和漢景帝爲人比較寬厚，愛惜民力，不喜歡奢侈的大工程，國家經濟的增長也就是理所當然的事了。

二

文、景二帝都是比較保守、不願意生事的皇帝。漢武帝正好相反，他是那種野心非常大，總想要建立一番偉業的皇帝。正好之前的文、景二帝替他留下了數不盡的錢糧，漢武帝的野心藉此可以變成現實。漢武帝要做的第一件事，是加強國內的統治。

前面說劉邦建立的漢朝採用了郡縣制，這其實不太準確。我們說過，秦始皇在統一中國時，曾經爲了「全國是採用分封制還是郡縣制」進行過一次大討論，因爲當時的古人並沒有足夠的歷史經驗，對於歷史的走向還看不清楚。漢朝統一天下的時候也面臨著同樣的問題：從漢初的歷史往前看，分封制是絕對的歷史主流。秦始皇拒絕封諸侯王，結果秦朝只持續了短短十五年就滅亡了，而且消滅秦國的也是各地的舊諸侯，這就讓漢初的政治家們很掙扎，他們既看出了郡縣制的各種好處，也不能忽視分封制的歷史地位。最終，劉邦選擇了折衷的方案：全國有一半最好的國土採用郡縣制，被朝廷直接管理；另一半的國土分封給自己的親戚，讓他們保衛王室（一開始分封了一些異姓王，後來被劉邦、呂后都殺掉了）。所以漢朝在剛建立的時候，實際上是一半郡縣制，一半分封制。

我們不難猜到，這些親戚一旦分封爲王後，時日一長，就成了帝國的隱患。在劉邦死後，繼任的幾位皇帝一直採取削弱諸侯的政策，手段包括冤獄、戰爭和強行拆分。到了漢武帝的時候，朝廷已經取得了決定性的優勢，削平諸侯已經是大勢所趨。

到了漢武帝的時候，他想出一個非常聰明的辦法：他頒布了一個名叫「推恩令」的政策，讓諸侯王把自己的領土分封給好幾個兒子，而不是只分封給大兒子。這樣，諸侯國越分越小，各國之間互相牽制。不久之後，諸侯國自己就被削弱了。

有人或許會問，這個規定等於直接傷害了諸侯國長子的權力，那不會引起長子的不滿，留下造反的隱患嗎？這條規定聰明在哪裡了？這和直接削減諸侯國的土地有什麼區別呢？

聰明的地方在於，雖然長子會對此不滿，但其他兒子從中獲得了好處，會全力支持這條政策。所以這條政策等於朝廷以諸侯國的國土為誘餌，引諸侯的子孫們互鬥，朝廷坐收漁利。

漢武帝打擊完了諸侯，還要打擊讀書人。

中國古代朝廷控制讀書人，基本是兩個辦法一起用：打擊和拉攏。朝廷指定一套官方學說，凡是這套學說學得好的，都給你一個官做，給你錢花，這叫「拉攏一批」；凡是講話不符合這個學說的，就不讓你出頭，這叫「打擊一批」。這一打一拉、利誘威逼的辦法非常好用，在中國歷史上每次都能收到很好的效果。

漢武帝首先要制訂朝廷的官方學說。前面說過「禮制」對於維護國家統治的重要性：禮制可以降低國家的統治成本，最善於做到這一點的，是儒家。漢帝國的開國皇帝劉邦在起事之前是個「任俠」——這是好聽的說法，其實他就是個小混混。出身草根的劉邦最瞧不起賣弄斯文的讀書人，他起兵後，曾經當眾在儒生的帽子裡小便，以示對讀書人的蔑視。

但是，中華帝國對儒家的依賴是不以皇帝的個人意志為轉移的。為了貫徹禮制，儒家提供了一整套解決方案，比如透過規範每個家族祭祖、祭祀的禮儀，來強化百姓心目中長幼尊卑的概念。儒家道德包括勤奮工作、生活簡樸、安分守己等主張，這些主張既符合朝廷的需要，又容易被百姓接受。雖然劉邦鄙視儒生，雖然漢初的皇帝信奉的是老子的治國方針，但是皇帝們很快發現，推廣儒家道德才是統治國家最好的辦法。

漢武帝上臺以後，聽從大學者董仲舒的建議：「罷黜百家，獨尊儒術」，從此儒學一直都是中國官方的理論學說⑨。不過在儒家的道德大義之下，中國還一直隱藏著法家的監獄鐐銬，這就叫做「儒表法裡」、「王霸雜之」。「儒表」就是「外表是儒家」；「法裡」就是「內裡是法家」；「王霸」就是「王道和霸道」，這是孟子提出的說法：「王道」是「道德教化」；「霸道」是「武力征服」。「王霸雜之」，就是道德感化和武力征服雙管齊下。

中國古代的百姓，出生以後首先要受到儒家的道德教育，周圍的長輩朋友都要求你做一個有道德的人（比如要遵紀守法，要聽長輩和君王的話）。如果你不服從呢？那就有家法、宗法來治你，再不行了還有官府來揍你、關押你。這些人在揍你的時候，還要先講一番儒家道德，講一講你到底違反了哪些道德規範，所以你是錯的，所以要處罰你。等處罰完了，還要告訴你，處罰你是為了提高你和全社會百姓的道德修養。這就是「儒表法裡」在古代基層

⑨「獨尊儒術」並不是說全社會只允許儒家一個聲音，只是把儒家學說放到了最高的地位上，其他學派還是允許存在。

社會的表現，在高層社會還有另一種使用方法，我們後面再說。

如果說漢武帝只是削弱諸侯、統一言論，那他還稱不上是一位有野心的帝王。有野心的帝王，總惦記著做一些能千古留名的大事。

大興土木修建宮殿、興修水利、開鑿運河這些大工程，自然要做。在全國四處巡遊，看看風景題題字，也一定要做。但這些事情都加在一起，也不如一件事更讓獨裁者著迷：擴張領土。

漢武帝在位的時候，發動了一系列對外戰爭，進一步擴大了中國的領土。西南打到了今天的雲南和四川，南方打到了海南島和越南北部，東北打到了朝鮮半島，西北打到了今天內蒙古的中部。更令人矚目的是，他北伐匈奴的遠征。

前面說過，中國北方的游牧民族一直都是中原王朝的威脅，對北方中國帶來了巨大的破壞，爲此，中原王朝寧願花費鉅資建立誇張的萬里長城。到了漢武帝的時候，武帝決定一改防守姿態，主動出擊，一勞永逸地解決匈奴的問題。

漢武帝派出龐大的遠征軍深入大漠，取得了壓倒性的勝利，把匈奴趕進了大漠深處。此時的漢武帝，可以說普天之下已經沒有敵手，唯一的敵手只有死亡。於是他像很多帝王一樣，開始追求長生不死之術。他晚年把很多時間用在尋訪仙人和不死藥上。當然，他這一回除了浪費金錢和感情，什麼都沒有得到。

歷史上，我們常把「秦皇漢武」並稱。回顧漢武帝的一生，他做的事的確和秦始皇大致相同：這兩位都熱衷於統一國內思想、濫用酷刑苛政、修建宮殿、陵墓、運河等大型工程、經常全國巡遊、大肆開拓疆土以及尋訪不老藥。

在結果上，他們兩個也犯了同樣的錯誤：野心太大，損傷民力。修宮殿、巡遊全國、開鑿運河、發動戰爭都是非常耗費民力的事。漢武帝因爲花錢太多，到了晚年的時候國庫已經被揮霍一空，民亂四起。文景之治的鼎盛國力到了他的手裡，開始走下坡路了。

司馬光說漢武帝「有亡秦之失，而免亡秦之禍」。漢武帝和秦始皇其實是一類人，之所以漢朝沒有亡在漢武帝的手裡，一則文景二帝留下了充實的國庫，二則漢武帝的晚年有所悔悟，在國力快要崩潰的時候扭轉了政策方向，算是懸崖勒馬了。

三

漢武帝以後的歷史，我們只挑西漢和東漢的滅亡這兩件事簡單說說。

在講秦始皇的時候我們說過，中國後期的朝代，中央大都有一個由文人組成、非常強大的官僚機構，它們分擔走了一大部分皇權，甚至有時比皇帝的權力還大。這樣做的好處，是當皇帝犯糊塗、被蠱惑或者出現其他意外時，政府能夠大致正常地運行下去。

但是秦、漢的時候，古人治理國家的經驗還不足，政治架構的設計很不完善，皇帝個人的權力過大。碰到皇帝年幼弱小的時候，就會出現政治內亂了。

西漢就是這麼滅亡的：亡於外戚。

所謂「外戚」，就是皇帝老婆家的親戚，皇后的叔叔姪子、兄弟姐妹什麼的。獨裁政治有個很大的缺陷：皇位繼承的時候，如果新皇帝年紀太小，就會造成皇權旁落。在漢朝，皇帝太小，遇見事情都要聽媽媽的，皇太后就藉此掌權。皇太后借著皇帝的名義，不斷在朝廷裡安插自己家的親戚，這些親戚就是外戚勢力。當外戚強大到一定程度的時候，就會威脅皇權了。

代替西漢當皇帝的，是外戚王莽。王莽是個很有意思的人，王莽的私德很好。白居易有一句詩說：「周公恐懼流言日，王莽謙恭未篡時。向使當初身便死，一生眞僞復誰知？」

周公是西周時周成王的臣子，也是周成王的叔叔。周成王繼位的時候還是一個小孩，周公作爲皇親國戚以及輔政大臣，身分非常敏感。當時有很多人傳言說他要取代周成王，甚至連周成王都不相信他。這些傳言使得周公非常痛苦，但他最終用實際行動證明了自己的忠誠。

周公是古人公認的大賢；王莽身為臣子，奪取了漢朝的政權，是古人公認的壞人。白居易這句詩的意思，是當年周公被流言纏身的時候，王莽還沒有代漢的時候，如果這時候他們就死了，那世人都以為周公是個奸臣，王莽是個大好人，他們真正的內心又有誰能知道呢？

這句詩本是在罵王莽，但也從側面說明了王莽在代漢之前是個公認的大好人。王莽這個人從小就勤奮學習，恪守儒家道德。西漢末年貴族流行奢侈之風，可是王莽多次把財產捐給窮人。他自己生活十分儉樸，穿著簡樸，以至於到他家的客人把王莽和他的夫人當成了僕役。有一次，王莽的兒子殺死了奴僕。以當時的社會環境，這根本不算多大的事，但是王莽嚴厲斥責自己的兒子，竟然勒令他自殺。因為作風正派，在當上皇帝之前，宮廷內外沒有人不說王莽的好話。

有人批評王莽這麼做很虛偽，是為了籠絡人心故作姿態。其實這是一個偽問題，「裝了一輩子好人，沒做壞事的壞人」和「真正的好人」有什麼區別？區別只在於當事人內心的想法，但內心的想法又是外人無法洞察的，所以王莽內心到底是怎麼想的並不重要。從他外在的行為上來看，他的私德是要超過古代皇帝的平均水準。

如果王莽真是一個沽名釣譽的傢伙，當上皇帝後只是空喊愛民的口號，實際上享清福混日子，只要他別把國家弄得太爛，那在歷史上他很可能就成了開創新王朝的一代明君。

可是王莽不光要當皇帝，他還有理想，他真的想拯救這個國家。王莽的學問很大，很用功學習，在他那個時代，主流風氣是學習「經學」。「經學」就是研究儒家經典，在裡面尋章摘句挖掘內涵的學問。這件事還是要怪漢武帝，漢武帝「獨尊儒術」以後，國家的學術機構只作「經學」，到了王莽的時候，讀書人們已經很少談論「經學」之外的學問了。

漢武帝之後，漢朝的政治越來越差。到王莽上臺時，國家已經千瘡百孔，出了很多問題。當時朝野上下都希望為國家來一個澈底的改革，一掃弊政，讓政局煥然一新。

在這個大環境裡，改革是眾望所歸的事。王莽也有這個志向，他希望透過改革消除社會的貧富差距、消除奢靡之風、消除不公正的現象，他甚至還想取消奴役制度，解放所有奴婢、奴隸，建立一個人人富足的理想社會。

但好的目的未必會出現好的結果，王莽的問題在於，他是一個大書呆子。

前面說過，中國古代的治國原則是「儒表法裡」。對於治國來說，「儒表法裡」的意思是表面有儒家道德，裡面還有政策法律。儒家道德用禮制代替法制，能降低維持社會秩序的成本。但是，當社會出現經濟、政治問題的時候，儒家的道德口號就沒有用了。比如說，當全國土地兼併嚴重時，你光主張免稅、節約政府開支之類的「愛民」措施，根本解決不了問題，眞正有用的是經濟學、政治學知識。其實古人的文章不光有道德文章，還有〈過秦論〉這樣的政治學論文，也有《鹽鐵論》這樣的經濟學論著。這些學說才能眞正解決問題。

問題是，王莽是個大書呆子。王莽的學習成績非常好，可是「儒表法裡」啊！法是藏著不說的，在書本上明面寫的都是儒。王莽認認眞眞把書本上的儒家知識都學了，卻沒有看到書本背後的法家現實，結果就完了。

王莽熟讀儒家經典，極爲崇拜《周禮》。儒家認爲，《周禮》的作者周公是個大聖人，《周禮》是本神聖的著作，只要能按照《周禮》裡的方法治國，國家就能治理好。王莽還眞就這麼做了。

據後人考證，《周禮》其實不是周公寫的，而是戰國人僞造的作品，是一部對理想社會的空想之作，充滿了很多不切實際的幻想。就像西方的那些烏托邦作品一樣，《周禮》也幻想著國家把全國的大事小情都管起來，各種經濟產業都由國家控制，商品由國家專賣，田地由國家統一分配給百姓。總之，想進行極端的計畫經濟。

我們說過市場經濟的好處：市場經濟利用每個人的自私自利，讓資源在全社會進行最優分配，達到全國生產效率最大化。如果採用國家統一安排的計畫經濟模式，不僅管理成本極高，而且不可能有效地分配資源，社會的生產力會出現極大浪費。事實上，還輪不到浪費生產力，多年以來的社會慣性決定了王莽的改革政策根本沒有辦法執行下去。什麼計畫經濟，不准買賣，老百姓根本不吃這一套。我們說過，自由市場裡的交易對於交易雙方都是有利的。一件全國人民都願意去做的事，朝廷又怎麼能靠行政力量來阻止呢？王莽的書呆子氣還不只如此。

《周禮》中還對古代理想社會裡的官員名稱、貨幣名稱、城市地名有詳細的記錄。王莽竟然認爲，按照《周禮》修改這些名稱也是改革必需的一部分。王莽多次下令修改官名、地名，多次更改貨幣樣式。一處地名三番五次地修改，百姓記都記不住；貨幣幾次三番變更，規則複雜，換算麻煩，老百姓根本沒法用。這些充滿書呆子氣的改革，對百姓生活帶來了巨大的混亂。更天眞的是，王莽把「長安」改爲「常安」，把「匈奴單于」改爲「降奴服于」，把「高句麗」改爲「下句麗」，甚至在外交文書中都這麼改。這種行徑近乎於小孩子故意叫人家外號來獲得精神勝利，幼稚可笑。他還用威逼利誘的方式，花費重金從羌人手裡得到一塊土地，建立「西海郡」，爲的只是和國內已有的北海郡、南海郡和東海郡湊成「四海」。爲了建立此郡，他還往這片荒涼的土地上強制大規模移民，對百姓帶來很大的苦難。

王莽改制之前，漢帝國屬於「混得不行，但起碼還能將就混下去」的水準。王莽折騰了幾年以後，全國經濟澈底崩潰，把百姓逼向了絕境。很快，各地百姓紛紛造反，造反軍打著興復劉家漢室的旗號，把王莽推翻了。

我們今天談起王莽，大多會取笑他的愚昧不堪，把他看成是一個情商大有問題的笨蛋。不少通俗史書傾向於把王莽寫成一個小丑，列舉一些他的可笑政策，讓讀者嘻嘻哈哈笑一番就算了。這麼看王莽是不對的，古人不是笨蛋。

我們今天之所以能取笑王莽，是因爲我們擁有一大堆後見之明，我們翻看史書，提前知道了王莽改制失敗的下場。我們手裡掌握著中國學者兩千年訓詁考據的結論，知道《周禮》不過是戰國人的空想之作。我們還學習過人類積累了兩千多年的政治、經濟理論，我們把這些理論當作常識，以此認爲違反了這些常識的王莽是個無知的小丑，但是，漢朝人還沒有這些知識啊！

改制並不是王莽一個人的願望，崇拜《周禮》、實現國家統籌的計畫經濟、追求絕對公平、抹殺社會貧富差距也不是王莽一個人的追求。《周禮》借著先賢的名義構建了一個看起來萬分美好的幻想世界，在王莽之前從沒有人嘗試過，誰又知道它的結果一定是失敗呢？

王莽失敗了，他對歷史的價值在於，告訴後人這條路走不通。在王莽之後，中國歷史上很少再見翻天覆地的改革，沒有人再像王莽那樣輕易大規模地改變政策，中國因此少了很多的摸索。

整個人類歷史都是在試錯中不斷前進的，我們今天知道的各種「常識」，不少都是前人親自試驗、親自碰壁過的。越往後的王朝，能吸收的前人教訓越多，他們不再犯前人犯過的錯誤，但往往在另一個地方犯了新的錯誤，給後人留下新的教訓。歷史就是這麼一點一點進步的。

回來繼續說漢朝。打敗王莽以後，新皇帝是和劉姓皇室八竿子稍微能打上一點關係的劉秀。長安和洛陽相距不算太遠，在周代時都當過首都，王莽執政的時候就考慮過遷都洛陽。劉秀登基以後，出於政治、經濟、個人喜好等多方面的考慮，也選擇了洛陽作為首都。因為洛陽在長安的東邊，所以劉秀建立的漢朝被後人稱為「東漢」，之前的漢朝則稱為「西漢」。

王莽末年戰亂四起，人口大規模下降，戰亂又讓前一代兼併土地的權貴被洗牌。於是到了東漢的時候，政府休養生息，自然又出現了一段社會復興的時期，被稱為「光武中興」。

東漢亡於宦官和外戚之手。

西漢亡於外戚，東漢雖然有所防範，但效果並不好。東漢的皇帝集體短壽，好幾代皇帝繼位的時候年紀都太小，國家的權力又落到了外戚的手裡。皇帝想和外戚抗衡，可是重要的官員都被外戚家族壟斷，皇帝沒有官員可以依靠，只好拉攏身邊唯一親近的人——宦官。有的漢朝皇帝利用宦官發動政變，打敗了外戚。但是宦官和外戚一樣貪圖私利，他們奪權後和外戚一樣把持朝政，左右皇帝，於是新的皇帝又扶持外戚，打擊宦官。東漢末年的局勢，一直處在外戚和宦官之間的反覆爭鬥中。一直到漢少帝的時候，外戚打不過宦官，於是令地方軍閥董卓進京。董卓帶兵進入首都，這下官宦和外戚都認輸了，改成了地方軍閥（掌握一地軍政大權的地方官）控制朝政。漢朝到了這個時候，已經名存實亡了。

為什麼商人不事生產還能大富大貴？——

兩漢的經濟發展

中華民族屬於黃河文明，最早的中華民族是在黃河流域誕生、繁衍的。黃河流量極大，灌溉了沿途大量的土地，使得黃河流域從古至今一直都是中國重要的糧食產區。可是，黃河十分容易氾濫。

黃河的上游是黃土高原。今天的黃土高原一片荒涼，可是在上古時代，這裡有茂盛的植被。植被對土壤有鞏固作用，黃土不會流入到黃河中。所以古代的黃河沒有多少泥沙，顏色並不是黃的，並不叫「黃河」。漢朝時期的人們還普遍稱黃河為「（大）河」。

黃土高原緊鄰關中平原，這裡從周代開始，就是中國人口最密集的地方。古人生活需要砍伐大量的植物用來燒火和建造房屋、製作器物，日積月累，黃土高原的植被受到嚴重破壞，再加上黃土高原本身土質鬆軟，大量的泥沙被湍急的黃河帶走。到了隋唐時，黃河水已經渾黃不堪，這才得名「黃」河。

黃河流到華北平原以後，地勢逐漸平緩，河道逐漸變寬，這兩個變化都導致了黃河的水流變緩。水流變緩，使得河水能夠攜帶的泥沙變少，大量的泥沙沉積在河底。日積月累，河底越來越高，導致黃河的水位也越來越高，當水位高過兩岸時，就會發生決口。華北平原地勢十分平坦，缺少阻斷河流的山脈，黃河一旦決口，河水四溢，洶湧的河水流向何方根本無法預測。每一次決口都要殃及廣大的土地，造成極爲慘重的損失。

這似乎是中華民族的宿命——黃河養育了中華民族，卻又是中國百姓苦難的來源。黃河氾濫不僅對沿岸百姓帶來滅頂之災，對於帝國經濟的打擊也十分嚴重，因此中國很多王朝都花很多力氣治理黃河。漢武帝面對黃河氾濫曾經想將就著過，後來發現黃河氾濫的損失太大，實在不能將就，最終還是決定治理了。

治理河道在古代是個需要舉國動員的大工程，黃河又是北方最大的大河，因此在中國古代，只有非常強盛的政權才有能力治理黃河。漢朝兩次治理黃河，也是漢朝國力強大的表現。漢朝時還出現了幾種農耕新技術：「犁」是一種用來耕地的工具。農民在播種之前，先要把土地翻開，這個過程稱爲「耕地」。因爲大部分土地都很堅硬，所以耕地在農業生產的各個步驟中，是非常耗費體力的一項勞動。我們說過，農業生產的本質是能量的轉化，在農業生產過程中人的體力消耗越少，能量轉化的效率也就越高——用通俗的話說，農業勞動越是省力，能生產的糧食就越多。因爲耕地非常消耗體力，所以古人花了很多心思研究如何更省力地耕地。

最原始的耕地方式是用鋤頭鋤地，這是純粹用人力來耕地，最爲辛苦，以至於一般人在提及農事辛苦的時候，都以「鋤地」這個動作爲代表。比如〈憫農〉詩裡說「鋤禾日當午」；再比如繪畫描寫農民最常用的方式，就是讓農民扛一個鋤頭。

鋤地太費勁了，後來世界各國人民都不約而同地發明了「犁」。這種工具靠牛等畜力來拉動，省人力，效率又高，大大增加了農業生產的效率。拉犁主要靠牛，爲了保護農業，中國各朝都很注意保護耕牛，規定百姓不能私自殺耕牛、隨意吃牛肉。《水滸傳》裡經常描寫梁山好漢大口吃牛肉，並不是說英雄們就喜好這口味，而是因爲隨意吃牛肉是犯法的事，表示這些人都是違法亂紀之徒。

漢代的幾種農耕技術都是對犁的改造：犁壁是犁上的一個小零件，能增加耕地的效率。「二牛抬槓」是讓兩頭牛同時拉犁的方法。耬車是一種簡單的機械，可以同時耕三條溝，還能一邊耕地一邊播種，效率非常高。這個設計在古代是非常了不起的。

總之，都是透過細節改造，來提高犁的效率。

這期間出現的另一個新技術是「提花機」。提花機是一種更爲複雜的機械，可以高效率地編織花紋。東漢時期已經有一種「花樓式提花機」，這種機器可以把織物的花紋資訊儲存在機器裡，自動編織出花紋來。

聽著很科幻吧？實際的構造也複雜無比。今天的穿越小說裡常有這樣的情節，說主角穿越到古代後，利用現代知識製造出先進的設備，獨霸一方。其實不要講什麼特殊的科技了，單單是提花機的原理就已經超過了國、高中生的知識水準，如果沒有專門研究過，恐怕連現代的大學生也做不出來。

二

關於漢朝的經濟制度，主要有兩個可以討論的地方：第一是關於貨幣的，鑄幣權收歸中央，統一鑄造五銖錢。第二是關於商業的，鹽、鐵經營權收歸中央。

我們先說第一條。鑄幣權收歸中央這件事，在講秦朝的時候已經說過了，對朝廷有百利而無一害，秦始皇就採取了中央統一鑄幣的政策。

古代主要的貨幣形式是銅錢（銀子交易到了明朝才逐漸流行），製造銅錢需要開礦，開礦是一項非常耗費體力的工作。換句話說，銅錢的鑄造成本很高。漢朝初年，社會經濟受到多年戰亂的破壞，朝廷已經沒有能力單獨鑄幣了。由於當時市場嚴重缺乏貨幣，影響了經濟發展，所以在漢初，政府允許民間鑄造錢幣。

到了漢武帝時，國家強盛，有了單獨鑄幣的能力，自然就把鑄幣權都收歸中央了。為了規範全國的貨幣，漢武帝鑄造了一種高品質的新銅錢：「五銖錢」。

現在有一個成語叫做「錙銖必較」，形容人斤斤計較。這裡的「錙」和「銖」都是古代的重量單位，單位很小。「五銖」大約三克多一點，「五銖錢」，就是「重量為五銖的銅錢」。

銅在古代的開採成本很高，也就意味著銅很值錢。在漢代之前，有些人把銅錢最外面的一圈剪下來，再把錢按照面額花出去，這樣就能私吞下一點銅。久而久之，市面上重量不足的劣質錢越來越多，對國家造成了很大損失。

針對這種情況，五銖錢採用了特別（但並非原創）的設計：為錢幣加了一道邊。這樣誰再剪錢幣，一下就能看出來，這錢也就花不出去了。這是世界各國鑄幣通行的辦法，今天包括新臺幣在內的各國硬幣，最外圈都有一道邊。

五銖錢是一種設計很成功的貨幣，它的大小和重量非常合理，因此從漢代一直使用到了唐代。唐代以後的銅錢大小也多和五銖錢相近。

說完貨幣，再來講講鹽、鐵經營的事。

在中國古代史上，各朝各代普遍採用「重農抑商」的政策。漢朝也有不少壓制商人的規定，比如不許商人穿絲綢衣服，不許騎馬，他們和子孫都不許做官，還要繳納重稅，全家都不許占有土地。

爲什麼古代政府這麼歧視商人呢？

其實以今天的經驗看，商人對社會是利大於弊的。有些人可能很反感商人：農民、工人都在實實在在地生產物質產品，商人什麼東西都不生產。別人生產好的東西，到了商人的手裡價格往上漲了一大截。商人利用坐地起價賺取暴利，過起農民、工人難以企及的奢侈生活，這商人不就是吸食民脂民膏的寄生蟲嘛！

這麼想其實錯了。

要講明白這件事，先要明白一個概念：「效用」。「效用」是人類從一件產品中得到的好處。

舉個簡單的例子。同樣一塊麵包，甲已經餓了三天了，這塊麵包對他的效用就很大，能救命；乙是個大胖子，營養過剩，而且今天也吃得很飽了，那麼這塊麵包對他來說，效用就很小，甚至是負的，吃還不如不吃呢！

如何衡量一個社會的財富呢？

用「效用」來衡量最準確。好比說有兩個國家，這兩個國家的生產力都一樣，每天都生產一百個麵包。從產品的數量上來看，這兩個國家產生的財富一樣多。可是，假如一個國家都是瘦子，吃了這些麵包會產生非常大的效用，國家變得更富強了；而另一個國家都是肥胖症患者，吃了這些麵包產生了負的效用，國家還要多支出醫療費用，反倒衰弱了。

所以，用「效用」來衡量經濟生產的水準，比直接計算物質要合理得多。一個社會的總效用越高，說明老百姓從這個社會中得到的好處越多，說明這個社會生產的財富越多。

爲什麼同樣一個產品（比如一個麵包），甲願意以一個價格（比如十塊錢）賣給乙，甲也覺得自己划算，乙也覺得自己划算呢？這就是因爲，同一個麵包對於甲和對於乙的效用不同，對於甲的效用低於十塊錢，對於乙的效用高於十塊錢，這樣兩個人在交易中都提高了自己獲得的效用，兩個人都占了便宜，社會的總效用也提高了。

比如在一個社會裡，原本胖人和瘦人都擁有同樣多的麵包。胖人並不餓，不太需要這些麵包；而瘦人特別餓，擁有的麵包根本不夠吃。透過人們自發的交易行爲，胖人把麵包賣給了瘦人，瘦人吃得更飽，胖人可以用錢購買更適合自己的商品。這樣每個商品都用在最需要它的地方，整個社會的資源利用率也就提高了。所以，交易是可以爲社會帶來好處的，好處是讓社會的資源得到最有效的分配。問題是，交易過程會產生不菲的成本。

胖人想要把麵包賣給瘦人，他就得知道附近有哪個瘦人家裡正好缺麵包。萬一本村沒有，他還得想辦法知道隔壁村子有沒有人缺麵包，就算有，那個人肯出多少價錢，這個價錢是否能抵得上來回的路費也未可知，打聽這些消息要花費很多時間和精力（這叫交易的資訊成本）。而且就算鄰村有人想買麵包了，胖人爲了賣個麵包，得出趟遠門，又花路費又花時間，這未免也太不划算了（這叫運輸成本）。然後，就算找到合適的瘦人了，這個陌生的瘦人是不是一個安分的人呢？他會不會是個騙子或者強盜呢？胖人對此一無所知，爲此，胖人可能還需要僱一個保鏢保護自己（這叫風險成本）。

以上這些，都是交易過程中的巨大成本。

商人的價值在於，他們透過自己的勞動降低了這些成本。他們爲了能多賺錢，到產品的生產地廣泛了解產品的價格和品質，又向消費者打廣告，降低了交易的資訊成本。商人把商品統一收集起來，統一運輸、保管，降低了交易的運輸成本和保管成本。商人擁有一定的武裝力量，在消費者中建立了信譽，降低了交易的風險成本。

因爲商人們的存在，整個社會可以用很低的成本，把產品分配到社會最需要的地方。商人們雖然沒有生產半個產品，但是他們大大提高了社會的總效用，對社會是有貢獻的，而且貢獻還不小。

這就是商業的力量。

但是以上這些結論，是人類積累了幾千年的經驗，在不斷碰撞、試錯中才總結出來的——就像現代中國，也曾經在幾十年前走過計畫經濟彎路。對於遙遠的古人來說，他們更難看出商業的價值了。

在古代的政治家們看來，商人好處不多，壞處可是不少。

首先有一個客觀原因，是古代的通訊和交通技術不發達，商人獲取資訊以及運輸產品的成本都比現代人要高很多，所以商業創造的價值遠沒有今天大。

其次，古人透過身邊的生活經驗，感覺到的不是商人對社會的貢獻，而是他們對社會的剝削：商人總是買低賣高，從中剝削民利；他們囤積居奇，哄抬物價；他們奸詐狡黠，巧舌如簧；他們甚至以次充好，販賣假貨。

以上是還在道德層面批評商人，對於古代統治者來說，更能打動他們的，是政治層面的問題。

前面說過，在古代社會用道德統治百姓是最好的選擇。問題是，人的本質都是自私的，只要有可能，很多人願意違反道德牟取私利。在古代，道德之所以對人有束縛力，是因為古人的生活空間非常小。

古代絕大部分百姓一輩子都生活在一個人口很少的村莊中，村子裡每一個人都互相熟識，這樣，任何人只要做出違反道德的事，就會受到全村輿論的鄙視，他也就不敢為了私利違反道德了。如果這個人有能力離開自己生活的村莊，那就不一樣了。他違反了道德，大可以一走了之，換個地方就沒有人認識他了。如果能離開村莊的人多到一定的數量，那麼全社會的道德系統也就崩潰了，整個帝國都會混亂。

幸好農民依附在土地上，離開自己的村莊就沒法生存了。但是商人可以呀，他們在各個村莊間遊蕩，還能因此獲得巨大的利潤，所以他們對帝國秩序是一個巨大的威脅。另外，大商人積累了大量的財富和貨物，尤其樂於囤積糧食、鹽、鐵等重要物資，這對帝國經濟的穩定也是一個威脅。

因爲以上的原因，中國古代的帝王都採取了限制商業、貶斥商人的政策。

對於帝王來說，他們的選擇是正確的。因爲限制商業的政策，中國的君主社會極爲穩定。歐洲的君主制度，就是被崛起的商人階級推翻的。

這是因爲，商業活動的前提是人人平等、尊重私有財產——如果別人能隨便搶走你的錢，那誰還努力經商啊?但君主制度講的是君權大於民權，國王可以剝奪普通人的財產，這種制度商人當然不能答應。等到歐洲商人強大到一定程度後，就提出要限制王權，王權不能比私有產權更高，這就是「私有財產神聖不可侵犯」、「風可進雨可進，國王的軍隊不能進」。在商人的暴力抗爭下，歐洲君王過上了沒勁的日子，做點什麼都不能違反議會的決定。從此，歐洲逐漸進入了資本主義社會。商業的大發展帶來了經濟的大發展、科學技術的大發展。在明朝的時候，歐洲還遠遠落後中國，等到了清朝，科技水準就已經遠超中國一個時代了。

對於中國古代的帝王來說，重農抑商是一個能保證皇位長久的正確政策。但對於人民長遠的福祉來說，卻是一個極大的遺憾了。

三

回來講「鹽、鐵經營權收歸中央」的事，這是漢朝經濟的一件大事。

「鹽、鐵經營權收歸中央」的決定和重農抑商的政策是一脈相承的，相當於把鹽、鐵商人的利益都搶到了朝廷的手裡，漢武帝這麼做，除了「重農抑商」裡提過的幾條理由外，還有兩個原因。

一是鹽和鐵都是古代的強勢通貨。鹽不僅是人類日常飲食的必需品，還是古人保存食物的主要手段：吃不完的食物只有用鹽醃製才能長久保存。鐵也很重要，沒有鐵就沒有好用的農具和武器，就沒法種田、打仗。鹽、鐵的生產原料又比較集中，易於壟斷，所以鹽、鐵在古代是一種戰略資源。如果被某個對抗朝廷的勢力壟斷，就會對朝政帶來威脅。而且鹽、鐵產業的利潤巨大，在漢朝初年，吳國地區的宗室因爲壟斷當地的製鹽業，擁有的財富可以和朝廷匹敵。地方坐大，也是朝廷不願意看到的。

不過眞正能打動漢武帝的，恐怕還是利益問題。漢武帝窮兵黷武，自己的生活也過分奢侈，國庫逐漸入不敷出。鹽、鐵國營能給朝廷帶來一大筆收入，漢武帝自然求之不得。

「鹽、鐵經營權收歸中央」給朝廷帶來了巨大的利潤，但也存在很多問題。就像前面說過的，商業經濟能帶來極高的生產效率；反之，政府統一管理的產業，效率就極爲低下。

在鹽、鐵國營之前，鹽、鐵商人們生產是爲了賺錢給自己，他們自然努力降低生產成本，提高產品品質。當產業歸國營以後，經營者是官員，他們只求完成朝廷的任務，買賣好壞和他們的利益無關。這些官員一有機會就上下其手，貪汙私吞，反正虧的又不是他們自己的錢。至於鹽、鐵工廠，只需要生產一些粗製濫造的產品應付任務即可——不愁賣不出去，因爲現在只有國營一家商店了，品質再差，老百姓也沒別處買，甚至還得哭著求著，花錢行賄才能把這粗製濫造的東西買到手。所以這項政策只執行了一段時間，後來朝廷又放棄了這個政策，因爲該政策從民間奪得的利益和損失的效率相比，還是太小了。

國家的領土和人民的幸福——

漢朝與匈奴的和戰

北方游牧民族和中原帝國之間的戰爭是中國古代史的一大主題，也是對中原帝國的一大考驗。擺不平這層關係的帝國，輕則帶來重大的經濟負擔，重則直接被侵略滅亡。中國歷史上的西晉、宋朝和明朝，都直接亡於北方民族的入侵。

爲什麼在幾千年裡，游牧民族和農業文明一直都在征戰不休呢？

這是因爲在軍事上，雙方保持了恰到好處的平衡。

長城以北地勢平坦，是騎兵的天下。前面說過，畜牧農耕的本質是把生物動能轉化爲糧食，而騎兵的優勢，相當於把生物動能引入到戰爭領域。

馬匹的速度、衝擊力、負重和耐力都是人類的數倍，馬匹還擁有一定的智力，可以在奔跑中自動尋找合適的路徑。在萬不得已的時候，還可以作爲人類的食物。更妙的是，馬匹吃草就可以維生，在北方的草原上，相當於擁有了取之不竭的能量來源。所以在北方，好馬就是一臺不需要加油的戰車，還能成倍提高戰士的速度和力量，簡直就相當於網路遊戲裡的神級裝備。

面對農耕民族，游牧民族的騎兵擁有絕對的優勢。一者北方到處是牧草，是馬匹的家鄉，馬匹數量和品質都很高。游牧民族人人從小都生活在馬匹上，騎射技術是農耕民族比不了的。

二者游牧民族不需要種地生活，他們不用被束縛在土地上，可以輕易地舉家遷移。在對農耕民族的戰鬥中，游牧民族可以把全族的戰鬥力集中在一點上，任意襲擊農耕民族的薄弱環節。在得手或者失利的時候，可以隨時撤退，不留戀一城一地的得失。在敵人窮追不捨的情況下，游牧民族可以深入北方腹地，在廣闊的原野上和追擊者玩起捉迷藏，等到追擊者人疲馬乏、糧草絕盡的時候再殺一個回馬槍，占盡地利的便宜。

面對這樣的強敵，農耕民族有什麼優勢呢？只有數倍的金錢與人口。

這就好比在免費的網路遊戲裡，對手是一個等級比你高、裝備比你好、操作比你嫺熟的老玩家，而你是一個低等級的新手，唯一的優勢是你是有錢玩家，你手裡錢多。如果你是這個有錢玩家，你該採取什麼辦法應戰？什麼地方比不過別人，咱們就拿錢砸啊！

漢武帝就是這麼做的。農耕民族的步兵軍團打不過游牧民族的騎兵，漢武帝就砸錢，花了七八年時間養了四十五萬匹馬，建立了一支龐大的騎兵部隊。你有啥我就拿錢買啥。騎兵比步兵厲害？那我花錢也養一支騎兵，比你人數還多得多了，不就解決了嗎？

憑著這支龐大的騎兵部隊，再加上用人得當，漢朝軍隊在和匈奴的作戰中獲得了一系列輝煌的勝利，這些勝利放到整個中國古代史裡，都是耀眼的。

漢武帝還是不滿足。斬草必須除根，武帝希望能把匈奴澈底消滅，保證北方邊境的永久平安。於是他又組織了一支更為龐大的軍隊，決定深入北方，把游牧民族澈底剿滅。

匈奴也不是坐以待斃的傻子，他們知道漢朝遠征軍的劣勢：遠征軍離本土越遠，補給線就越長，中間只要有一個點被匈奴切斷了，遠征軍就要陷入彈盡糧絕的境地。於是，匈奴採用「堅壁清野」的策略，不留下任何可以利用的物資給漢朝軍隊，同時派出騎兵，準備隨時騷擾漢軍的補給線。

漢武帝是怎麼應對這個困難的呢？咱們是有錢玩家啊！咱們拿錢砸啊！漢武帝大手一揮，為遠征軍配備了一支由幾十萬步兵組成的輜重軍團，帶著糧草一起走。相當於隨身跟著一個龐大的軍事基地。匈奴對於深入進攻的漢軍，多採用游擊、分割、包圍的戰術。但面對一個這麼龐大的軍團，上述戰術也就沒有什麼意義了。

就靠著這種揮金如土的打法，漢武帝贏得了巨大的勝利。匈奴被趕入大漠深處，好幾年不敢再入侵漢帝國。

我們說「漢武帝」，這個「武」是他的諡號。諡號是有身分的人死後，由後人給予的稱號，用來評定他的一生。因爲漢武帝在軍事上的輝煌勝利，他才得到了諡號「武」⑩，還被後人不斷推崇，把他和秦始皇並稱爲「秦皇漢武」，當作中華帝國史上的兩座高峰。人們對漢武帝最常用的讚美是「雄才大略」。

然而就在漢武帝獲得大勝的七年後，匈奴就再次大舉入侵。此後漢朝多有敗績，匈奴並沒有像漢武帝想像的那樣被澈底打服。

二

普通人看打仗，就跟看足球比賽一樣，只看輸贏，贏了就高興，輸了就嘆氣。這種對戰爭的看法忽視了一件重要的事：打仗是要花掉生命和金錢的。

我們說過，戰爭的本質是國力的比拚。注意，這種比拚不是你掏出錢包來給我看一眼，說你有一百塊錢，我掏出錢包來給你看一眼，有兩百塊錢，然後就宣布我贏了，我們兩

⑩ 漢武帝的諡號其實是「孝武」，其中「孝」字是漢朝每個皇帝的諡號裡都有的，所以稱呼漢朝皇帝的時候都省略掉。

個都把錢包各自放回去。戰爭的拚法是：你掏出十塊錢來，當場扔掉，問我：「你服不服？敢不敢跟？」我也掏出十塊錢，也扔了，然後又多扔了十塊，問你：「不服，怎樣，你敢不敢跟？」直到有一方或者雙方都低頭了，覺得再拚下去都得崩潰的時候，大家才坐下來和談，結束這場戰爭。

戰爭是一場互相毀滅的遊戲，但是，不拚命又不行。戰爭事關國家存亡，一旦打敗仗就什麼都沒有了。所以被捲入戰爭的國家全都是騎虎難下，只能把全部的資源都掏出來填入這個毫無意義的大坑。

有人或許會問，既然戰爭是一場互相毀滅的遊戲，那為什麼還會有人發動戰爭呢？

雖然從人類整體上來看，戰爭是一個負收益的行為，但是站在發動戰爭者的角度看，戰爭有可能是划算的。只要戰爭預計的成本小於預計的收益就行。換句話說，在戰爭的發動者面前有一個財務表，一邊寫著這場仗預計花多少錢，另一邊寫著萬一咱們贏了能賺到多少錢。只要後者比前者大，就有發動戰爭的理由。

漢武帝幾次遠征匈奴，打了幾場彪炳史冊的勝仗，這些戰爭的成本和收益是怎麼樣的呢？首先，成本是驚人的。

前面說，漢武帝取勝的一個原因是組織了一支比匈奴人數還多的騎兵部隊。那麼疑問是，既然農業帝國這麼有錢，爲什麼漢武帝之前的帝王們不這麼做，不早點組織騎兵部隊呢？這是因爲，農耕民族養馬的成本太高了，高到號稱很有錢的農業帝國也養不起。

還記得前面說過的動物在飲食過程中浪費的能量嗎？食物被動物吃進去後，會浪費高達百分之九十的能量。一匹馬的體重是人的好幾倍，每天需要的能量非常大。草裡含有的能量非常有限，要餵養一匹馬，需要數量極多的草料。「游牧民族」裡有個「游」字，是因爲這些民族經常四處遷徙。遷移的主要原因就是牲畜太能吃草了，一片草場無法供給牲畜所需要的草料，吃光後必須去尋找新的草場。換句話說，需要極廣的土地，才能培養出數目有限的馬匹，這在農業帝國裡是非常不划算的。

我們說過，中國古代帝國經濟崩潰的一大原因是地少人多和土地兼併。對於古代帝國來說，土地是國家之本，土地不夠，國家就要混亂甚至滅亡。這麼珍貴的土地，怎麼可能變成草場，用極低的效率養馬呢？

有人說，草料的營養成分太少，那麼改用營養成分高的精飼料可以不可以？比如豆類，馬就喜歡吃。豆類的營養成分高，養一匹馬需要的土地比草場要小很多，這回可以解決問題了吧？問題是，豆類等作物是需要人種植的啊。在大牲畜中，牛吃飼料不太挑剔，但是馬和羊都比較挑剔，農作物的副產品如麥稈、高粱稈，馬都不吃。馬匹喜歡吃的是豆類這種人也能吃的食物。換句話說，用精飼料養馬，相當於從人的嘴裡奪食。馬吃得越多，人吃得越少。前面說過，馬的體重是人的三倍到五倍，也就是說，一匹馬要最少搶三到五個人的口糧。別忘了，這三到五個人的口糧還需要花人力去種植，這裡外合計就是很大的一筆負擔。

另外，馬不是光給吃飽了就行。就像人要運動一樣，戰馬每天需要大量時間的奔跑訓練，這要消耗大量的能量，所需的糧食更多。

在長城以北的草原上，草場是自然生長的，等於飼料的成本是零。牧人騎馬牧羊，馬匹的奔跑是日常生產、生活的一部分，不需要額外占用精力。

在長城以南的耕地上，馬匹生長需要占用人的糧餉。那些平時養在馬廄裡的馬匹，想要運動奔跑，還需要開闢專門的跑馬場，需要專人訓練。

咱們可以這麼說，在長城關外，馬就相當於是人手一輛的自行車。在長城關內，馬就成了只有有錢人才養得起的賓士車。

總之，漢武帝那四十五萬匹馬花了許多錢。

而且戰爭中戰馬的消耗量十分驚人。漢武帝打敗匈奴那場最大的勝仗，漢軍出動了約十四萬匹戰馬，損失了約十一萬匹。這還是一場大勝仗都損失成這樣，那普通的戰爭還怎麼打？打完仗，人家游牧民族回去隨便找一個牧場，養幾年，馬匹又都出來了。你漢軍回到長城內，還得花費鉅資重新養馬，你玩得起嗎？更可怕的是，漢軍深入北方的代價太大了。

農耕地區經濟富足，農民都被束縛在土地上，想跑也跑不到哪裡去。所以游牧民族入侵的時候，一路劫掠就可以完成補給。甚至於打了敗仗往回撤的時候，都可以一路搶著回去。

相反地，游牧地區生產力低，人口非常稀少，一片極為廣闊的草場也養不了多少家畜，人數龐大的農耕遠征軍到了草原上，光靠劫掠是沒法支撐的。而且游牧民族還可以舉家遷移，聽到入侵者要來了，早早地躲遠了就是，農耕遠征軍只能靠自己帶的補給。前面說過，漫長的補給線也不現實，耗費極大，又極易被切斷。最後，漢武帝選擇了一個非常燒錢的辦法：讓遠征軍隨身帶著幾十萬人的補給兵團。

問題是，這幾十萬人也要吃飯啊。所以，漢武帝是靠多支出了幾十萬人的人力與口糧來解決補給問題。古代運輸成本極高，按照司馬遷的記錄，漢朝向西南邊境運送糧食，運輸成本高達六十多倍。秦朝時從山東地區運糧到內蒙古，運輸成本高達一百九十多倍。而漢武帝北征，距離更遠、路途更艱苦，運輸成本還會更高。哪怕就按六十倍計算，這也意味著漢武帝一下子就要往大漠裡扔進去最少幾千萬人份的糧食，這個數字太恐怖了，當時全國的總人口也不過幾千萬人。

漢武帝花了那麼一大筆錢打仗，那他收到想要的結果了嗎？

漢武帝之所以要組織遠征軍深入大漠，爲的是能澈底消滅匈奴，讓游牧民族再也不來入侵，保持北方邊境的長治久安。假如眞的能實現這個目標，花的這些錢倒是眞值得——比起修長城、派兵駐守的錢來說，遠征的這點花費就不算什麼了。

但是，就在漢武帝獲得最大的那場勝利之後僅僅七年，匈奴就捲土重來了。

爲什麼漢軍不能把匈奴澈底剿滅呢？

直接原因是北方太大，游牧民族善於遷徙，只要暫時避開漢軍的刀鋒，等到漢軍退兵後，再找一塊肥美的草原，就可以恢復生機。

或許有人會問，那漢軍爲什麼要退兵呢？好不容易打下來的土地，爲什麼不永久地占領呢？也不用到處都派兵，只派兵鎮守住最好的草場不就可以了嗎？

問題是，駐守草場的軍隊，吃什麼呢？

游牧民族之所以放牧而不種田，是因爲北方草原地區降水量小，只能生長牧草，根本就種不了田。

或許有人會說，種不了田沒關係，也可以像游牧民族一樣，靠吃牛羊爲生啊！

別忘了我們說過，靠草場來飼養牛羊，需要的是極大一片草場。畜牧者在一個地方吃著吃著，草就不夠了，必須遷移。所以，畜牧者想要在草原上建立一個定居點也是很難的。

或許有人會說，建立不了就建立不了吧，那我們乾脆讓北方的軍隊就像游牧民族那樣，到處遷徙，逐草而居，養一支強大的騎兵來保衛南方的農耕帝國，這不是更厲害嗎？

這裡的問題是，假如你是這個負責保衛邊疆的軍隊將領，你手下有一大群厲害的騎兵，有一大群牛羊，吃喝不求人，又遠離朝廷，你爲什麼不獨立造反？

前面說過，郡縣制社會之所以不會像分封制社會那樣容易讓地方政權獨立，是因爲在郡縣制下，朝廷直接管理基層百姓，掌握每一個百姓的戶口，導致地方很難截留百姓的賦稅。朝廷又親自任免地方官，經常更換任命，還有多個系統的官員互相監督。有這些措施才能保證地方勢力不能脫離朝廷的控制。而一個遊蕩在外的游牧部落，朝廷連人家在哪裡都不一定知道，怎麼去掌握每一個百姓的戶口？怎麼派官員監督？在歷史上，中國古代有過一些北遷進入草原的軍隊，遷徙一段時間後，他們就逐漸變成了游牧民族，完全脫離中原朝廷的影響了。

類似的，當游牧民族長期占領農耕地區的時候，爲了獲取更多的財富，自然會選擇農耕的生產方式，結果是經濟水準上漲，但軍事戰鬥力下降，往往打不過北方後起的其他游牧民族。典型的例子如北魏、西夏、遼、金……總之，漢武帝就算花錢再多，也不可能徹底消滅匈奴。

就在漢武帝大獲全勝之後沒幾年，匈奴就捲土重來。漢武帝不得不重新組織昂貴的軍隊，又和匈奴發生了好幾次大戰。這幾場戰爭漢軍基本上沒有占到便宜，幾次因爲找不到敵人無功而返，還有兩次主力被澈底全殲，甚至統帥都投降了匈奴。

這場奢華的戰爭打成這個樣子，決策者難辭其咎。這幾次失敗以後，漢武帝公開發表了〈罪己詔〉，檢討自己窮兵黷武的策略，停止了繼續對匈奴用兵。

三

人無論做任何事，都會同時面臨兩個數量：成本和收益。用收益減去成本的差值是淨利潤，就是我們做這件事所得到的好處。人的本性是逐利避害，在所有的選擇中，理性的人總會選擇淨收益最大的方案。

國家和人一樣，一個合格的國君，他的職責是要爲國家爭取最大的利益，去選擇淨收益最大的那一種國策。比如領土問題，有些人可能覺得，領土的價值高於一切，必須「不惜一切代價」，保衛領土不計成本。但對於一個關心淨收益的帝王，他考慮的問題則是：占有這塊領土的收益是否大過成本?如果收益太小,成本太高,那還不如不占,否則就是在無謂地浪費民脂民膏了,這就是漢、匈和親背後的邏輯。

如果匈奴有能力入侵漢帝國的話,誰願意俯首稱臣呢?如果漢帝國有能力剿滅匈奴的話,誰願意把宮女白白送給人家呢?正因為匈奴和漢帝國都發現,在這場成本與收益的遊戲中,和平的收益要遠遠大於戰爭,所以大家才有機會坐下來和談,和談的關鍵,也是為了利益。

匈奴之所以願意坐下來談,是因為他們南侵劫掠無非是為了財富。雙方和談以後,匈奴得到了大量的利益。每一次匈奴使團到訪長安,漢帝國都會賜給他們包括黃金、銅錢、絲綢、糧食在內的豐厚禮物。而且一次比一次給得多,以至於有的漢朝大臣因為這事太過花錢而上書抗議。此外,和平後兩國開放邊境貿易,匈奴可以靠貿易得到自己想要的財富,更沒有必要冒著生命危險南侵。

對於漢帝國來說,和平貿易阻止了入侵,節約了大筆軍費,也是求之不得的好事。透過邊境貿易,對匈奴來說像自行車一樣便宜的馬匹牲畜賣到長城以南就成了賓士價。漢帝國相對很便宜的糧食和手工藝品過了長城以北,也成了珍貴的商品。所以雙方在貿易中都得到了巨大的利潤。

和談是符合雙方利益的選擇。至於和親，只是表面的形式問題。古代社會極端重男輕女，皇帝連自己的親生女兒都可以當作政治籌碼，更遑論王昭君那樣的乾女兒。匈奴單于也不會眞的在乎一個女孩子。「和親」只是在談判談妥以後追認的政治手續，用來和親的女子只是一個沒人關心的政治工具而已。

游牧民族有一種婚俗，女子的丈夫去世後，要嫁給亡夫的兄弟，甚至是亡夫的兒子、孫子（當然不能是該女子親生的），這個習俗稱爲「收繼婚」或者「轉房婚」。這主要是因爲古代女性地位低下，被視爲用來生育的財產。在丈夫死後，女性要像財產一樣被家族中的其他人「繼承」，繼續承擔生育的任務。

王昭君在嫁給匈奴單于兩年後，單于去世，單于的兒子根據「轉房婚」的習俗，要求王昭君再嫁給自己。思念家鄉的王昭君向漢朝皇帝寫了一封信，懇求回國。結果她得到的是皇帝冷酷的拒絕。顯然，作爲政治工具，讓王昭君繼續留在北方要比讓她回來更有價值，誰又會在乎一個工具的想法呢？

對於迷戀戰爭的人來說，漢武帝對匈奴的遠征是一場足以載入史冊的偉大勝利。如果按照「領土越大，國家就越了不起」的邏輯來看，漢武帝時代擁有在整個漢朝裡最爲廣闊的領土，漢武帝無疑是個了不起的帝王。

但恰恰就是在漢武帝的手裡，漢帝國由盛轉衰，把文景之治積存下來的家底全都敗光，讓無數小康之家進入飢寒交迫的困境。更不用說，還把幾十萬個家庭的支柱、幾十萬個年輕的夢想，全都葬送在了苦寒的大漠深處。這一切值得嗎⑪？

如果站在後知後覺的角度來評判古人，漢武帝的遠征實在是一次得不償失的行動。不過我們也說過，以後人積累了幾千年的經驗去批評古人未免不夠公平。

就像王莽失敗的改革是歷史的試錯一樣，漢武帝的遠征也是一次試錯。在漢武帝之後，中原帝王們明白了：用純粹的武力解決北方游牧民族是行不通的。對於農耕地區，以及靠近農耕地區的草原（如河套地區），這些地方有極大的戰略價值，只要有能力就儘量占下來。對於遠離農耕地區的草原、大漠，深入遠征是不划算的。

從長遠來看，中原文明就算再強大，也只能把北方邊境維持在農耕區和畜牧區的分界線附近，這條分界線，就是氣象學上的中國「四百毫米等降水量線」。這條線以南的地區水量充足，可以種田；以北的地區只能生長牧草。這是中原帝國北部邊境的極限，長城就正好建

⑪ 漢武帝對匈奴發動過多次戰役，在前兩次戰役中，漢武帝打下了河套地區和河西走廊。河套地區是中原帝國在北方的戰略要地，河西走廊是中原通向西域的重要通道，是中原控制西域的前提。這兩次戰役對於中原帝國是非常有利的。

在這條降水線的附近。

漢武帝以後的中原政權意識到，徹底消滅游牧民族是不可能的，和游牧民族最理想的關係是：游牧民族退到遠離農耕區的北方，雙方保證互不侵犯。漢朝之後，中原帝國對北方的政策大體上都是按照這個目標來執行。

英雄的探險家和利慾薰心的商人——

漢通西域和絲綢之路

張騫的經歷非常傳奇。

「西域」通常指的是今天中國新疆的大部分地區，以及中亞的部分地區。西域在漢朝時，因爲北邊和匈奴接壤，時常受到匈奴的侵擾。漢朝和匈奴爲敵，西域等於是漢朝「敵人的敵人」，是可以團結的對象。漢武帝希望能有人聯絡西域諸國，一起對抗匈奴。這個重任便落到了張騫的身上。

張騫奉命出使西域，可是在去的路上被匈奴抓了，被囚禁了十年，甚至娶了匈奴的女子爲妻，還生了孩子。然而張騫一直不忘使命，趁著匈奴放鬆警惕的機會，想辦法逃了出去，身邊只帶了一名隨從。在如此狼狽的情況下，張騫竟然不往漢朝跑，還繼續去西域完成他的任務。他只靠自己和一名隨從，和很多西域國家建立了外交關係。

完成了外交任務後，張騫從西域回國。爲了避免被匈奴抓住，他特意繞了遠路，沒想到半路上還是被匈奴抓住了。張騫被關了兩年後，又找到一個機會跑了出去。這一次不僅帶著原來的那個隨從，還把自己的匈奴媳婦一起帶回了長安（可惜的是，他的孩子沒有和他一起回來）。張騫在九死一生的情況下，歷經十幾年的時間，完成了任務，回到了故國，還帶回一個妻子，這情節簡直是一部好萊塢的英雄電影。

更讓張騫飽受讚揚的，是他非凡的氣節：在威逼下不投降，在妻兒的溫暖中不忘本，在性命都要不保的情況下還要一心完成君王交付的任務。傳統儒家社會非常重視「名節」，張騫和文天祥一樣，都是中國歷史上不辱名節的模範，傳統史學家對他的評價一向都很高。

張騫的功績的確很了不起，對得起歷史對他的盛讚。但是，傳奇英雄往往只是歷史的表面，眞正左右歷史的是更本質的東西，我的意思是：即便沒有張騫，中原帝國一樣會平定西域、發現絲綢之路。

先說平定西域。

在中國歷史上，強大的中原王朝都會擴張在西域的勢力，這是因爲在中國的西北方，一直都有威脅中原帝國的游牧民族存在。控制西域、利用西域的力量加強對北方游牧民族的防衛，這符合中原王朝的戰略利益。因此即便沒有張騫，中原帝國還會派出別的使者，或者派出更多的軍隊，遲早都會把勢力擴張到西域。當然從個人的角度看，張騫還是非常了不起的。

二

張騫是漢帝國在西域事業的開創者，他爲帝國提供了珍貴的西域情報，還親自帶著大筆財富到西域各國游說，打開了漢帝國在西域的外交局面。沒有張騫，漢朝平定西域的時間可能會晚上很多。

不過等等，剛才說了什麼？「張騫親自帶著大筆財富到西域各國游說」？平定一個地區，難道不是用軍隊打嗎？漢帝國不是強盛一時嗎，怎麼改成游說了？

這和西域特殊的地理環境有關。

西域氣候乾燥，大部分地區是荒無人煙的沙漠和戈壁，環境十分惡劣，不過這裡暗藏著豐富的地下河。在一些地勢比較低的地方，地下河水湧出地面，形成了一片片綠洲。古代的西域人民，就生活在這些綠洲裡。綠洲文明的生活方式和我們前面介紹過的農耕文明和游牧文明都不相同。

前面說過，土地的含水量決定了這塊土地適合農耕還是畜牧。綠洲的特別之處，是在這一小塊土地上，水量的差別可以很大。水源附近含水量很高，土地可以種出良田；離水源越遠，土地越乾旱，偏遠到一定程度就只能長牧草了，再偏遠的地方，就只剩下沙漠了。

爲了最大化地利用土地資源，人們自然會選擇在水資源最豐富的地方種田，在比較乾旱的地方放牧，所以綠洲文明的生產方式是農牧結合。這裡的畜牧並非游牧，因爲綠洲面積有限，綠洲居民沒有大草原那種能到處尋找牧草的優良條件，牧區只能侷限在綠洲內部。

綠洲文明的另一個特點，是綠洲之間的距離非常遙遠。相對於整個西域的沙漠和戈壁來說，綠洲所占的面積比例非常小。綠洲之間的距離很遠，常常達到數百里，中間都是荒漠和戈壁，環境惡劣，往來行走十分危險。換句話說，綠洲之間的交通成本極高，所以在古代，大部分綠洲都採用自給自足的經濟模式，和其他綠洲的交流很少。

綠洲面積有限，這導致綠洲能夠產出的糧食有限，能供養的軍隊也很少。綠洲的面積在西域中所占的比例很小，集全西域之力，也無法拿出足夠的軍隊和補給，讓他們穿過廣闊的沙漠和戈壁，經常往來於整個西域之間。換句話說：綠洲太小，導致綠洲無法提供足夠的軍隊統一西域。所以在很長的一段時間裡，西域由大量獨立的小國組成。

當中原帝國試圖控制西域時，也面臨著同樣的問題。這和中原帝國不能長期占領草原的理由一樣：綠洲出產的糧食有限，中原帝國同樣不可能在西域長期駐紮大量的軍隊。即便強行占領每一處綠洲，由於綠洲之間交通不便，最終這些駐軍也會自立成爲新的小國。好在西域諸國各自爲政，軍隊不能占領，還可以用外交手段籠絡。

外交的成敗又依賴於國力的大小，軍事是國力最好的展示。張騫是漢武帝時代的人，張騫能說服西域諸國，和同一時期的衛青、霍去病打敗匈奴，向西域諸國展示武力有很大的關係。因此，漢帝國及以後的中原帝國，都會在西域選擇幾個重要的據點派遣軍隊駐紮，達到震懾諸國、安定人心的作用。在漢朝，管理此事的機構稱為「西域都護府」，管理此事的官員稱為「西域都護」。

三

再來說說「絲綢之路」。

從春秋時代到唐朝建立的這段時間裡，地球上存在三大文明圈。一個是以中國為核心的亞洲文明圈，一個是以地中海為核心的歐洲文明圈，還有一個稍微小一點，是印度文明圈。這三大文明圈的位置，好像是一個「T」字形：歐洲文明圈在左上方，亞洲文明圈在右上方，印度文明圈在最下方。「T」字形中間的交點，就是西域。

由於崇山峻嶺的阻隔，由於西域惡劣的自然環境，這三個文明圈之間的交流很少。後來，旅人們陸續開通了一條從歐洲到西域，再從西域分別到印度和中國的道路，這條路，就被稱為「絲綢之路」。

是誰最先打通了絲綢之路？不是高瞻遠矚的政治家，不是雄才大略的軍事家，而是那些被中原王朝最看不起的，利慾薰心的商人。

這三個地區相隔萬里，交通不便，往來行商非常艱難。然而物以稀為貴，行商困難也就意味著利潤豐厚，亞洲的絲綢和瓷器到了西方能賣上天價，印度的香料到了歐洲和亞洲也是昂貴的奢侈品。有利潤就有人肯賣命，早在春秋戰國時期，就有商人在這條路上往返。後來由於戰爭等原因，從中國到西域部分的商路漸漸被人們遺忘。張騫出使西域以後，重新探明了商路，隨後在漢武帝的組織下，大批商人開始在這條路上貿易，這就是中國這部分「絲綢之路」產生的經過。

「絲綢之路」這個詞，有廣義和狹義兩個定義。廣義的「絲綢之路」，指的是連接歐亞以及印度的整個「T」字形道路；狹義的「絲綢之路」，僅指絲綢之路的中國部分，也就是「T」字形右上角的那一小橫。

有的書上說，「中國鑿通了絲綢之路」，假如這裡指的是狹義的「絲綢之路」，這句話沒有錯，如果是廣義的「絲綢之路」，這句話就不對了。張騫和中國商人只把商路從長安開到了西域，絲綢之路的其他部分，是沿途的各國人民自己開通的。順便一說，絲綢之路並不是說有一個商隊從頭走到尾，從長安出發一直走到羅馬，那樣的旅程太誇張了。一般情況下，貿易採用接力的方式。比如：長安的商人把貨物運到西域，賣給當地的商人，由西域的商人再繼續運往其他地區，這樣每一站的商人都不用冒太大的風險，這種接力的商業模式，也讓位於亞歐之間的國家大賺特賺。

在隨後的幾百年裡，不光是西域，包括中亞諸國、歐洲靠東的威尼斯，都因爲這條商路發了大財。威尼斯因此一度成爲歐洲最富庶的城市。後來，伊斯蘭國家在中亞崛起，它的富強也和絲綢之路有一定的關係。

我們常談到「歷史的必然性」，西域的開發和絲綢之路開通的背後都有歷史必然性：有了中原帝國保持西北安定的需求以及歐亞商品的巨大利潤，即便沒有張騫，還會有別的人來開通西域。反之，如果沒有對西北安定的需求或者不存在商品利潤，那麼即便張騫排除萬難開通了西域，他的成就也會後繼無人，很快被人遺忘。

當然，歷史的必然性並不會減少張騫等人的偉大，歷史的趨勢雖然是必然的，但總需要開拓者去推進它，所以說，張騫的所作所爲是非常了不起的。

人的尊嚴和祖宗無關——

從造紙術到地動儀

魯迅的《阿Q正傳》裡，擅用精神勝利法的阿Q總被別人欺負，他打不過別人，就在心裡憤憤地想：「呸，你有什麼了不起，我的祖上比你闊多了！」

魯迅諷刺的是當時的一種社會思潮。那時有的中國人見到西方文明非常強大，他們不去反省自己的不足，而是大談中國古代的文明曾經多麼發達：「我的祖上比你闊多了！」借用祖上的功績來證明自己也很了不起，因此沾沾自喜。這種思潮一直沒有消失。

中華文明歷史悠久，但有些成就尚有爭議。

先說造紙術。我們都聽說過「中國古代四大發明」：造紙術、指南針、火藥、印刷術。之所以這四個發明最有名，是因爲它們都對世界歷史產生了重大的影響，如果沒有它們，世界歷史會大不一樣。

造紙術和印刷術的發明降低了知識傳播的成本，提高了人類社會的文明程度，西方的民主和科學都依賴於此。指南針的發明促進了歐洲的「地理大發現」，爲歐洲進入資本主義社會打下了基礎。火藥的重要性更不用說，是軍事進入火器時代的關鍵發明。

然而，「四大發明」中除了造紙術外，其餘三個都有一些爭議。爭議的不是中國人有沒有發明它們，而是中國的發明對世界的影響到底有多大。有些學者認為，除造紙術外的其餘三大發明即便沒有中國，其他文明也能自己發展出來，這三大發明我們後面再說，這裡只說造紙術。在「四大發明」中，造紙術是唯一沒有爭議的，中國的造紙術的確對世界歷史產生了深遠的影響。

現在我們一提到蔡倫，都知道他和造紙有關，其實他有一個更厲害的身分：他是一位把持朝政的大宦官。

熟悉三國故事的朋友們知道，東漢末年有個宦官集團「十常侍」，指的是十位身分為「中常侍」的宦官，他們把持朝政，特別的壞。這個蔡倫，他的官職就是「中常侍」，而且在很長一段時間裡和另一位「中常侍」一起處理國家大事。東漢宦官專政，風氣是從蔡倫開始的。

蔡倫是位善於舞弄權術的人，他很會見風使舵，攀交權貴，經歷了多次宮廷政變皆不減權勢，甚至還把無辜的嬪妃陷害致死。

蔡倫是在鄧太后逐漸掌權時研究造紙術。史書又說，這位鄧太后特別喜歡筆墨，再考慮到蔡倫圓滑的政治性格，不難推測，蔡倫研究造紙術的目的是為了討鄧太后的歡心，換自己的前程而已。

這就是歷史書很有意思的地方。假如按照「階級史觀」來分析，那蔡倫肯定是個大壞蛋：腐朽沒落的「剝削階級」、陷害無辜的政治流氓、把持朝政的卑鄙宦官啊！可是另一方面，蔡倫又是發明造紙技術的重要角色，別說對中國歷史了，對世界歷史都有很大的貢獻。所以他在大多史書上成了正面角色。但我不是要批評作為發明家的蔡倫，雖然他研究造紙術的動機是攀交權貴，但並不會讓他的研究成果失色。其實歷史上有不少的科學家、發明家和藝術家，他們創作的動機都是為了功名利祿，正是這強大的自私自利之心，才激勵了無數天才把自己的聰明才智投入到人類文明的福祉中。假如不允許發明家們有私心，我們也就不會有今天如此燦爛的文化。

蔡倫不是紙張的發明者，而是改良者。在蔡倫之前，中國人已經會製造紙張了，但是技術還不成熟。蔡倫對造紙技術進行了重要的改進，提高了紙張的品質。蔡倫還研製出了用楮樹皮製造紙張的技術，這種紙叫做「楮皮紙」，楮皮紙的品質更高，後來非常流行，宋代發行的紙幣，就是用楮皮紙製造的。

其實，蔡倫改進後的紙張仍舊不夠實用。在漢代，人們主要的書寫材料還是絹帛和簡牘。在蔡倫之後，造紙技術繼續發展，性價比不斷提高，到了東晉末年，紙張才徹底代替了簡牘。從此以後，除非是特殊的儀式需要，中國人書寫文字都採用紙張，讀書寫字的成本大大降低了。

在前面講文字出現的時候我們說過，資訊的傳播成本對於人類文明的發展至關重要，每一次資訊傳播成本的降低，都對應著一次人類文明的飛躍。

紙張出現的意義就在於大規模地降低了資訊的記錄、傳播成本。前面說過，因爲簡牘的出現，大規模的讀書寫字才成爲現實，才會有春秋戰國時候的百家爭鳴，才允許秦帝國建立龐大的官僚系統。但是對於貧民百姓來說，簡牘還是不夠便宜，不僅製作成本高，而且太重，儲存、運輸都很麻煩。比如你現在讀的這本書，拿在手裡不算重，如果寫在簡牘上的話就恐怖了，大概要有幾十公斤的重量。僅僅是這麼一本小書，一個人搬都搬不動，何況還要擺滿一個書架，再看一眼你的書包，是不是也有「學富五車」的感覺呢？

在簡牘時代，除非是大富大貴之家，否則家中很少能藏書，窮苦一點的百姓根本讀不到書。雖然秦朝以後政治上的貴族被消滅了，但是因爲經濟原因，讀書仍舊是豪門的特權。因此在漢代到隋初的這段時期裡，當官的基本都出身於豪門望族。

只有等紙張慢慢普及，讀書成本大幅度降低以後，普通人讀書才成爲可能。後面我們會講到，到了隋朝的時候，中國開始採取科舉制度，允許普通百姓透過考試成爲官員。科舉制度打破了大家族壟斷的政治權力，讓中國進入了讀書人執掌朝政的新時代。

科舉制度得以實現，和紙張的普及是分不開的。

前面還說過，龐大的官僚系統需要大量的檔案往來，有很多文字要遠距離運輸。輕便的紙張降低了檔案往來的成本，使得之後的政權能夠建立更爲複雜、高效的官僚系統，爲中國成爲一個統一、穩定的大帝國發揮了重要的作用。

另外，紙張的普及也改變了書法和繪畫藝術。在簡牘時代，文字經常寫在窄窄的竹條或者木條上，受到面積的限制，書寫者沒有發揮的空間。使用紙張後，各種字體都可以隨意書寫，因此出現了書法藝術。繪畫更得益於紙張，只有使用廉價的紙張，畫家才能大量練習繪畫，中國的繪畫藝術因爲紙張的普及才得以繁榮。

相比造紙術，數學著作《九章算術》的影響力要小一些。

數學對於我們的生活大致有兩層意義。第一層意義，數學是生活離不開的工具。我們存點錢、買些東西，都離不開數學，商人計算價格，匠人規劃設計，也離不開數學；更深的一層意義，是數學爲哲學思辨中重要的一部分。數學涉及到一些最基本的哲學問題，比如：數學規則每一個人都接受，可是這東西看不見也摸不著，並不存在於大自然某個具體的物體上，這是不是就意味著，數學是超越客觀世界的一種本質存在？古希臘學者畢達哥拉斯就認爲，萬物的本質是數字。再比如：數學非常重視邏輯思維，一個重視數學的社會也會尊重邏輯，企圖用邏輯和理性來解釋世界，這是產生科學的先決條件之一。

可惜的是，中國古人對數學的理解基本上只限於第一層意義，古人只把數學當作日常生活的工具，所以才叫《九章算術》。與「術」對應的是「道」。「道」在古漢語中指的是哲學等級的大道理，比如「大道」、「道理」和《道德經》。「術」的等級就低了一些，指的是一種具體的本領，比如「技術」、「法術」、「醫術」等。

《九章算術》中的「術」的意思是說，這本書講的不是什麼定國安邦的大道理，也不是深不可測的哲學思辨，僅僅是一本實用的技術指導書，定位就相當於現代的《農用車維修指南》。《九章算術》裡沒有什麼「道可道，非常道」之類玄而又玄的大道理，收錄的都是源自於實際生活的數學應用題，比如田地怎麼丈量啊，賦稅怎麼計算啊之類的。

我們今天重視科學、重視數學，所以《九章算術》才從那麼多的古書中被單獨提出來，被我們得知。但是在古代，中國人不重視數學，不重視「術」，數學被當成一種低級的本領，商人、工匠和小吏為了日常工作需要學一學，大學者是不屑於埋頭其中的。

對理科的歧視，在一定程度上導致了中國在科學技術上的落後，這是中華文明的一大遺憾。

二

現在再說說兩個有爭議的成就。先說中醫，後說地動儀，因為中醫比地動儀可靠一些。

對於中醫，今天有兩種極端的觀點。一種觀點認為中醫是一種落後的巫術，早該被現代醫學淘汰掉；另一種觀點認為，中醫是中國哲學的偉大成就，不能用西方科學的思路要求中醫，中醫甚至比西醫還了不起。

這兩種看法都有點偏頗。一方面，中醫並不是巫術，它不是古人臆想的結果，而是古代醫學家在治療實踐中的經驗總結。因為有幾千年的經驗積累，因此中醫得出了很多有用的結論，有很多病中醫都可以治好。另一方面，中醫確實不夠科學。科學研究講究證據，講究統計，類似「古書上說什麼什麼」、「名醫說什麼什麼」這樣的論據，現代科學都不會採信。現代醫學只相信經過大規模嚴格試驗得出的證據，用這個辦法，科學家才能把謠言、謊話和個人偏見從知識的寶庫中剔除出去。中醫因為沒有這一步檢驗，因此在正確的經驗裡還摻雜了很多錯誤的結論，比如有些病，不管吃什麼藥物都有一定的療效，這種現象叫做「安慰劑效應」。古人不知道這個道理，生病之後吃了某種藥物，一看病好了，就以為是藥物的功勞，因此把一些無效的藥物也記錄在了藥典中。如果這種藥物還有一定的副作用，吃了反倒還有害呢！想要檢查出哪些藥物真正有效，要靠現代化的統計試驗，古代醫學家沒有這個觀念，所以得出了不少錯誤的結論。

但我們也不能苛求中國古代的醫學家。現代科學思想是在十六世紀的歐洲才出現的，那個時候中國已經快到明朝後期了，「安慰劑效應」的發現是在一九五五年。

所以，雖然在今天看來，中醫的確有很多問題，但古代的中國醫學家是非常了不起的。華佗、張仲景都是東漢末年有名的醫學家。相比之下，張仲景在醫學史上的地位更重要，因爲張仲景留下了影響深遠的理論著作《傷寒雜病論》。

張仲景生活在東漢末年，那時兵荒馬亂，《傷寒雜病論》寫完後沒能流傳下來，我們今天看到的是後人重新整理出來的版本。《傷寒雜病論》之所以有「傷寒」兩個字，是因爲張仲景認爲人體有很多疾病是「外感傷寒」導致的。我們今天感冒發燒，常會說「哎呀，著涼了」，這個「著涼」就類似於中醫的「外感傷寒」。張仲景了不起的是他不單單收集了大量的病例和藥方，還在此基礎上形成了一套理論，所以張仲景可以稱得上是醫學「家」，而不是普通的醫生。

關於華佗的歷史資料，可靠性要差一些。史書上關於華佗的文字很少，他撰寫的醫學著作也沒有流傳下來，據說是他發明的「麻沸散」也失傳了。關鍵是，假如華佗真的影響力巨大，那麼在當時以及稍晚一點的時代，應該有很多醫學家提到他、研究他。就像雖然《傷寒雜病論》遺失了，但很快就有晉代的醫學家把它重新蒐集整理出來。可是除了《後漢書》和《三國志》的記錄外，古代很少有人提到過華佗，甚至據大學者陳寅恪先生考證，華佗的一些事蹟其實改編自印度傳說，連「華佗」這個名字都是印度「藥神」一詞的音譯。

總之，華佗在歷史中未必真實存在，就算存在也只是水準很高的一位醫生，並沒有各種神話般的醫術。

三

最後說爭議最大的「地動儀」。

我們今天關於「地動儀」的全部資訊，只來自於《後漢書》等史料上的兩百多個字，這一段文字大概描述了地動儀的外觀是什麼樣：說它周圍有八個龍頭能往下掉銅丸，能讓銅丸落到下面的蟾蜍嘴裡，哪邊有地震，哪邊的銅丸就會落下來。有一次，銅丸落下來了。幾天以後，大家一打聽，那邊果然出現了地震。基本的史料只有這麼點。地動儀在中國歷史上只存在了幾十年，隨後就完全消失了，再沒有人記錄或嘗試複製過它。

然而，這個地動儀的實物今天就擺在某些歷史博物館裡。其實這個地動儀的外形是二十世紀五〇年代某博物館的一位處長，爲了「配合中華古代燦爛文化的宣傳」，根據上面那一小段話的描寫，而不是任何的實物、圖案，加上自己的想像製作出來的。實際上，近年來有學者同樣根據上述文字，製造了外觀、銅丸掉落原理完全不同的地動儀複製品，也擺在博物館和大學裡了。

更關鍵的是，沒有人能知曉地動儀測量地震的原理是什麼。

按照《後漢書》的記錄，地動儀發動的時候，地動儀所在的長安地區沒有任何感覺，直到幾天以後才得知在很遠的地方出現了地震。如果銅丸果然是被這次地震引發的，那麼就會產生幾個難以解釋的技術問題：按照歷史學者考證的震級和距離，那場地震的地震波傳到長安，震動就已經非常微弱了，地動儀是靠什麼技術來偵測如此細微的震動呢？如果地動儀非常敏感，那它又是透過什麼技術，把附近人類腳步引起的震動和地震波區分開呢？

實際上，張衡把自己的地動儀稱爲「風候地動儀」，他認爲地動儀的原理是感應遠處地震產生的風，這就更不可靠了。

地震活動遠比我們想像的要頻繁。根據史書記載，在地動儀建好之後到那次靈驗的地震之前，長安地區有震感的地震有八次左右，但是地動儀都沒有檢測出來，直到一次幾百里外的地區出現地震，地動儀才有反應。而且僅此一次，之後長安地區又出現了很多次地震，但再也沒有地動儀發動的記錄。我們能不能說，那次發動只是一個巧合呢？

按照史學「孤證不立」的原則，地動儀是否眞實存在過，要打一個問號，所以說地動儀是「世界公認最早的地震儀器」，這個說法是值得商榷的。

不過，我們也不必以現代的科學技術去苛求張衡。在當時的科技環境下，張衡能夠想到用儀器的方式測量地震，並且還能親手實驗，這已經是很了不起的科學嘗試了。除了地動儀外，張衡還正確地解釋了月蝕的原理，繪製了較爲精確的星圖，推算出圓周率爲三點一六二二。在當時的環境下，張衡能做出這些成績已經非常了不起了，足以稱得上是中國古代科學的先驅。

連皇帝都不能看的祕密紀錄——

佛、道和史學

從董仲舒「罷黜百家，獨尊儒術」開始，中國社會基本上是以孔、孟儒家為正統思想。正因為尊崇儒家，中國古代才可以維持上千年的基本一統。

但儒家也不是萬能的。孔子的弟子季路向孔子討教關於死亡的問題，孔子卻避重就輕地回答：「未知生，焉知死？」他說：「活人的事情還沒明白呢，哪顧得了去研究死後的事呢？」《論語》裡又說：「子不語怪、力、亂、神。」說孔子不討論那些神啊鬼啊的事。

儒家主要關心的是現實世界的社會秩序，對於鬼神的世界，儒家不關心也不研究。可是，人類天生懼怕死亡，渴望永存，人又缺乏安全感，總希望能擁有某種超人的能力把一切都掌握在自己手中，這些欲望與生俱來，人人都有。為了滿足精神上的渴求，人類還需要宗教的安慰。

佛教是在印度誕生的。和中國春秋戰國時期的百家爭鳴類似，古印度也有一段各家思想百花齊放的年代，興起了很多宗教派別，這些教派對世界是什麼樣的、神仙是什麼樣的、生死是怎麼回事都有不同的解釋。大約在中國的春秋戰國時期，有一位被後人尊稱為「釋迦牟尼」的思想家，他結合當時印度各家宗教的教義，創造了一種全新的宗教思想。釋迦牟尼像孔子一樣，收了很多學生，用一生的時間來傳播自己的思想。釋迦牟尼去世後，他的學生把他的宗教思想發揚光大，經過一輩一輩學徒的不懈努力，形成了一套非常複雜、完善的宗教系統，這就是佛教。

佛教因爲理論完備，影響力超過了印度其他宗教，而且向印度之外的地區傳播。大約在東漢末年的時候，佛教在中國已經形成了不小的規模。佛教在中國越來越受歡迎，並且和儒家等思想結合在一起，變成了有中國特色的「漢傳佛教」，大放異彩。我們今天已經習慣把佛教當成中國自己的傳統文化。

佛教是由釋迦牟尼創立的；道教不同，沒有一個特別出名的創始人。道教把老子尊爲始祖，這只是後來道教信徒的一廂情願，老子本人是不知情的。

在佛教傳入中國之前，中國人也有自己的宗教文化，比如拜神、念咒、寫符、煉丹等，內容比較雜亂，沒有特別統一的思想，一般統稱爲「方術」。在佛教傳入中國以後，一些中國方士借鑒了佛教嚴密的宗教組織形式，又吸收了各家方術，再從老子和莊子的著作中吸收了哲學理論，把這些思想糅合在一起，就形成了早期的道教。

要注意的是，「道家」和「道教」不同。老莊的學術思想，我們可以稱爲「道家思想」，這是一種哲學理論，和作爲宗教的「道教」關係不大。比如西漢初期，漢朝政府信奉道家的治國思想，採用「無為之治」，減少政府對社會的干預，和「道教」這門宗教是無關的。到了唐玄宗和宋徽宗的時候，這兩位皇帝大建道觀、開壇作法，他們為了長生祈福而信奉「道教」，在治國方針上，卻仍舊採用儒家的思想。

同樣是解脫生死，佛教和道教的主張各不相同。佛教有兩大觀點：一種觀點認為，世上一切生命死後都會輪迴為別的生命。俗話常說「我上輩子一定是欠了你」、「我們下輩子還要在一起」，這裡「上輩子」、「下輩子」使用的就是輪迴的概念。這個概念的好處，是能給受苦受難的百姓極大的希望，讓他們相信死亡並不是生命的結束，甚至在死亡後還有可能迎來更美好的生活。第二種觀點認為，世上存在「因果報應」，人們做什麼事就會得到相應的報應。我們常說的「善有善報、惡有惡報」，就是一種因果報應觀念。這個觀念的好處，是它符合人民大眾對公平和正義的期待，當人們在生活中遇到那些壞人得意、好人吃虧的事時，可以安慰自己說：別看壞人現在得意，那是「不是不報，時候未到」，等到將來他一定會自食其果的。

佛教的主張，是如果人們能多做善事，多修行佛法，就能輪迴往生成更好的生命，甚至可以跳出輪迴，成為永存的佛。

佛教認為人一定會死，死後會輪迴；道教的觀點則不同，道教認為，人有辦法可以永生不死。

道教認爲，人世間的萬事萬物，從宇宙到個人，都是「道」的一部分，「道」是永恆的，人們因爲愚昧和欲望不能達到「道」的境界。假如遵守道教的一系列修行方式，如：學習道教的經典，或者修行類似氣功的「吐納、導引」、類似禁食的「辟穀」，以及服用「仙丹」等，則人可以延長自己的生命，甚至可以達到「道」的境界，實現「天人合一」（因爲「天」也符合「道」），從而長生不死，成爲永恆存在又無所不能的神仙。

當然按照今天科學的觀點來看，佛教和道教的理論都缺乏科學證據，甚至有不少觀點和科學證據相悖。比如佛教認爲我們的世界分爲四大洲、大地底下有地獄，現在有了科學的檢查手段，發現這些地理知識都是錯誤的。再比如，道教主張服用的仙丹中，有一味常用的藥物叫「朱砂」，朱砂的成分其實是硫化汞，有毒，人服用後會出現各種中毒症狀，比如小兒服用朱砂後會精神不振，因此被古代醫學家認爲有「安神」的功效；成人汞中毒後，會出現渾身發熱等症狀，因此被煉丹者當作仙丹，認爲能增強「陽氣」。在中國歷史上，有好幾位皇帝都是因爲服用「仙丹」中毒而死的。

但另一方面，佛、道兩教的很多思想都是古人智慧的結晶，它們的宗教理論對哲學研究很有啟發意義。道教鑽研氣功、煉丹的行爲可以看成古人對醫學、化學的可貴探索，只是因爲技術水準的侷限，得出了不少錯誤的結論。

二

提到中國傳統文化，我們都知道佛、道、儒三家思想對中國文化的重要影響。其實，還有一門學問對中國歷史的影響不亞於以上三家，這就是史學。

前面說過，一個人出生時所有的知識都是零。人類之所以能在前人的基礎上不斷進步，靠的是文字記錄，統治者的治國之術能夠不斷累積進步，靠的就是歷史記錄了。

中國古人記錄歷史的首要目的，是向帝王統治國家提供借鑒，所以宋代司馬光所寫的史書巨著被命名爲《資治通鑑》，意思是「借鑒往事，有助於治理國家的著作」。

正因爲有了良好的史學傳統，中國人才能在王莽那樣的「試錯」中不斷吸取教訓，讓政治制度不斷完善，避免重複犯錯，最終形成了一套極爲穩定的統治模式。

我們普通人也可以從古人的歷史著作中獲益，因爲歷史不僅是對政治制度的試錯，也是對人生的試錯。人性亙古不變，歷史中發生的那些事件，在今天相同的條件下仍舊可能發生，所以我們可以從繁多的歷史事件中觀察人性，洞悉人們在各種特殊環境下的反應。

很多人生教訓我們不需要親自嘗試，可以直接從歷史事件中學到，因此我們可以比那些不讀歷史的人用更低的成本快速成熟。中國記錄歷史的傳統從《左傳》開始，到司馬遷的《史記》正式定型。

司馬遷爲中國史學定下了很多良好的規範，不少規範被執行了上千年。規範之一，是由司馬遷開創的「紀傳體」寫史方法。中國的史書主要有兩種形式：「編年體」和「紀傳體」。「編年體」就是按照時間順序，一年一年、一月一月地記錄歷史事件，《左傳》和《資治通鑑》都屬於這種形式。

「紀傳體」主要以人爲單位，把一個人的一生寫成一篇文章，如：《史記‧秦始皇本紀》就是講秦始皇一輩子的事，《史記‧高祖本紀》就是講劉邦一輩子的事。我們俗稱的「正史」《二十四史》，採用的都是紀傳體。

編年體和紀傳體各有優、缺點。剛入門讀歷史的時候，最好讀紀傳體。紀傳體都是有頭有尾的一篇篇故事，前因後果寫得很清楚，看紀傳體就和看小說一樣，可以讓我們快速建立對某個歷史人物的印象，總結他的得失。

等到詳細研究歷史的時候，就需要編年體了。借助編年體，才能知道某件大事發生時，當時的歷史背景是什麼樣的。編年體把所有歷史人物都放到同一條時間線裡，便於抓住歷史的大脈絡。反之，如果初學者一開始就讀編年體的話，會感到極為枯燥，因為好幾件事情都混合在同一個月裡，又沒頭又沒尾的，常常會看得莫名其妙。

簡而言之，紀傳體更適合初學者，編年體更適合歷史專家。前面說了，傳統的史書是為了向統治者提供借鑒，統治者又不是歷史專家，當然是故事性強的紀傳體更適合他們，因此紀傳體成為中國史書的主流。我們現在的很多歷史普及書籍，都是以人物和事件為中心，也可以看作是變相的紀傳體。

除了人物的傳記外，《史記》還適當兼顧了其他內容。《史記》裡一部分內容叫做「書」，「書」記錄的不是某個人的故事，而是國家的政治、經濟、文化等某一個領域的情況，如其中的〈河渠書〉，就是專門記錄水利方面的事，相當於是一部獨立的「水利史」。為了後人查閱方便，《史記》還有一部分叫做「表」，就是歷史大事年表，它像是一個簡略版的編年體提綱，以彌補紀傳體的不足。

《史記》的結構設計非常完善，因此成為後世史書的典範，《二十四史》基本都是按照《史記》的結構來寫的。《史記》的另一個優點是文字優美、內容眞實。甲骨文記錄了商周時的很多珍貴史料，但是在清朝末年才被發現，清朝之前的人們都不知道甲骨文的存在。司馬遷在沒有看過甲骨文資料的情況下，在《史記》中對商周的記述大體上都和甲骨文資料吻合，說明司馬遷的歷史考證水準非常高。

中國古人很早就意識到史學的重要性，歷朝歷代都非常重視歷史記錄。在很早的時候，中國的朝廷就有專門負責記錄歷史的史官。從晉朝開始，還有專門記錄皇帝一言一行的史官，他們所記錄的內容被稱為「起居注」。「起居注」是皇室的第一手資料，內容非常詳細，史學價值極大。

更了不起的，是中國很早就有「政治不得干涉歷史記錄」的史學精神。皇帝對於天下百姓都有生殺予奪的大權，但是不允許看自己的「起居注」，為的是避免皇帝隨意篡改史書。如果皇帝非要看，會受到大臣的集體反對，也會受到後人的譴責。當然，歷史上還是有一些皇帝違反了這條禁令，但單單這條傳統的存在，已經是非常了不起的事了。

我們可以自豪地說，因為司馬遷等歷史學家們所開創的史學傳統，中國的歷史記錄是世界上最為完備的。

小說和歷史的差距——

三國鼎立

三國時期之所以是中國很有名的一段歷史，是因爲明朝的文學家羅貫中蒐集了前人流傳的各種三國故事，寫了一部非常精彩的小說《三國演義》。直到今天，關於三國的小說、漫畫、遊戲、電視劇仍舊層出不窮，每年都有新的改編作品問世，我相信你對其中的經典情節已經耳熟能詳了。

因爲這些優秀的作品，三國時期是中國歷史書中最好學的一段。但也要注意，《三國演義》中的故事和眞正的歷史有很大的差距，很多故事情節都是虛構的，不能把文學作品中的內容照搬到歷史中來。

舉一個例子，爲了突出武將的勇武，《三國演義》中經常有武將對決的場面：兩軍對壘，士兵一字排開，然後兩軍各派一名武將到陣中對戰。大戰一番後，贏的一方一揮手，士兵就掩殺過去，從而獲得戰爭的勝利。《三國演義》有很多精彩的橋段：「溫酒斬華雄」、「三英戰呂布」、「過五關斬六將」、「許褚裸衣戰馬超」都是這個設定。

這個設定是小說家編造的。古代武將並非神仙，就算武功再高，一個人也不可能同時戰勝三、五十個士兵，更何況士兵只需一陣亂箭，武將就被射成蜂窩了。古人也不是傻子，假如我方的士兵比你方的多，就算我的武將對決失敗了，我派我的士兵上去圍毆，又怎麼會戰敗呢？因此武將對決並沒有現實意義。在眞正的歷史中，武將對決偶然出現過幾次，那是春秋時代的貴族戰爭留下的一種遺風，只爲顯示武將個人的勇武，並不會眞正改變戰爭的結果。

再說一個小說和歷史的差別。讀小說《三國演義》，我們都會對書中的各路英雄留下深刻的印象，他們有的計謀過人，有的武功蓋世，三國亂世正是這些英雄大展身手的好舞臺。但事實上，三國是個重視門第大於能力的時代，那些謀士、武將之所以能被君主重用，不僅因爲他們擁有一定的能力，還因爲他們背景顯赫。

要明白這一點，就要先了解兩漢時期的官員選拔辦法。

秦朝以後不再有分封制，當官不再看貴族血統，官員要從大眾中選拔。在漢朝，選拔官員的方法稱爲「察舉制」。從董仲舒開始，漢朝獨尊儒術，儒家最重視道德，察舉制首先考察的，就是候選人的道德水準。這事邏輯上是沒問題的，當官當然首先應該品德好，但問題是道德這東西沒有一個客觀的考核標準，怎麼考察每個人的道德呢？察舉制的做法是靠人推薦：要求各地的政府定時向朝廷推薦有道德的人才，這些人再經過進一步的考核，就可以培訓成官員了。

察舉制剛開始實行的時候，還比較嚴格，朝廷嚴禁徇私舞弊，推薦親友。但是眞正能阻止徇私舞弊的，不是「嚴格禁止」這樣的空頭條令，也不是嚴格執法的清官，而是一套設計完善、能互相監督的制度。漢政府嚴令官員必須秉公推薦，禁止推薦親友，這話說得好聽，可是道德高低又沒有客觀標準，你怎麼確定官員推薦人才時有沒有私心呢？禁止推薦親友，你又怎麼證明兩個人是不是朋友呢？

制度設計得不完善，時間一長必然有人鑽漏洞。到了東漢時期，政令漸漸鬆弛，察舉制的缺陷便體現了出來：官員之間結成一派，互相推薦對方的子女，結果只有官宦家族的子弟才能當官，時間一長便出現了「累世公卿」。袁紹家族號稱「四世三公」：四代人裡出了三個國家最高官員，他們家就是典型的「累世公卿」。

「累世公卿」一輩輩做下去，家世越積累越大，財富越來越多，逐漸形成了在某個地區壟斷經濟、政治權力的大家族，被稱爲「門閥世家」。

門閥社會形成了一個只講血統門第，不講能力高低的貴族階層。它使得眞正有本事的讀書人沒有爲國出力的管道，那些當上官的人又不思進取——既然門閥子弟生下來就能當官，那爲什麼還要認眞工作呢？遇見事情少說少做，避免做錯事對家族惹禍才是正確的選擇。

不過，單單是門閥還不足以威脅國政，最可怕的是門閥擁有了私人武裝。

東漢時期，地方軍權在太守的手裡，太守是負責管理「郡」的官員。「郡」是漢朝的一種行政級別，比現在的「縣」大。太守手中的兵力還很弱，成不了什麼氣候。

但是到了東漢末年，朝廷常年陷入宦官和外戚的拉鋸戰中，中央不關心政務，弄得地方政治一團糟。國內爆發了遍布全國的黃巾之亂，邊境還有游牧民族不斷騷擾。中央朝廷無力組織軍隊抗衡，必須依賴地方軍隊，可是一郡的軍隊規模太小，面對大規模的敵人必須同時統籌數郡的兵力對抗，因此朝廷在郡之上設立了更高一級的「州」，「州」的長官「州牧」可以掌握數郡的軍政大權。

當大批兵力集中在州牧手裡的時候，皇權便岌岌可危了。因爲朝廷無力抗敵，地方上的州牧也好，太守也好，只要能打敗叛軍，你如何籌錢、如何徵兵，朝廷都不再干涉，甚至誰能起兵獨霸一方，朝廷還頒一個太守、州牧之類的官給他，爲朝廷圓一個面子，實際上就是承認了地方權貴可以隨意擁兵自立。

在《三國演義》裡，我們熟悉的袁紹、袁術等人都是大門閥，家裡很多代都是大官，又因爲他們都擁有忠於自己，而不是忠於朝廷的私人部隊，因此也可以視他們爲「軍閥」。

整個三國的歷史，就是這些大門閥、大軍閥混戰的歷史。

三國時期的主要大事都是軍閥混戰，這段歷史中有兩場很出名的戰爭，共同特點是以少勝多。

二

前面說過，決定戰爭勝負的主要因素是國力，國力夠強，只要用士兵和資源堆過去，戰爭自然就獲勝了，和指揮官個人的能力關係不大。但歷史上也有少數戰爭憑藉優秀的指揮以弱勝強，逆轉了國力的差別，這樣的戰例聊起來最有意思，官渡之戰和赤壁之戰就是這樣的戰爭。

我們先說官渡之戰。

官渡之戰是曹操和袁紹之間的戰爭。曹操出身豪族，但他的家族發達很晚。前面說過，東漢末年有宦官和外戚兩大勢力，曹操的父親投靠了大宦官，給宦官當乾兒子，曹家從此發達。到了曹操這一輩，他們家立足不過兩代，根基尚淺，說曹操是門閥還不夠格，他充其量只是地方上的小豪族。曹操成年後，在朝廷裡謀得個不大的官職，他家的勢力也就只能幫他到這裡了。

一開始，曹操想老老實實地爲國家效力升官，做到一半的時候，天下大亂，各地群雄並起。曹操意識到，在這個年代裡為漢朝做事是沒有前途的，必須有自己的地盤和軍隊，於是他回到老家，開始建立自己的事業。

熟悉三國故事的朋友知道，曹操手底下有一大批姓夏侯的將領，什麼夏侯惇啊，夏侯淵啊等等。按照裴松之的說法，曹操原本就姓夏侯，是因為曹操的父親給宦官曹騰當了乾兒子，他們家才改姓曹。這個說法是否可靠還有爭議，但曹操和夏侯兩家就算不是親戚，至少也是同鄉豪族，多年來關係十分親密。曹操便以曹家和夏侯兩家的資源，起兵割據。

正好這個時候青州（在今天的山東省）爆發黃巾軍之亂，曹操打敗黃巾軍，收編了三十萬降卒中的精銳，這批青州軍就成了曹操武裝割據的資本。

曹操是個全面型人才，他的領導、外交、軍事和治理能力都很強。有了青州軍，曹操四處征戰擴張。與他北方領土接壤的，是同樣四處征戰的袁紹。曹操和袁紹之間因為地盤的衝突，必然會有一場大戰。

袁紹的出身要比曹操強太多了，袁紹號稱「四世三公」，家裡世代都是朝廷大員，家族勢力盤根錯節，和他家關係良好的門閥世家更是數量眾多。在朝廷失去約束力後，袁紹立刻到處擴大地盤，在與曹操交鋒前，袁紹的實力在全國已經是數一數二。

此時的曹操實力已經不弱，但是和袁紹相比，差距還是很大，如果單純按照國力對比，曹操必輸無疑。但是由於採用了正確的策略，曹操在官渡之戰中奇蹟般地反敗爲勝，最終戰勝了袁紹。

官渡之戰只是袁、曹之爭裡諸多戰爭中的一場。在官渡之戰之前和之後，曹操和袁紹還發生過很多戰爭，不過這些戰爭都沒有改變大局，眞正扭轉大局的，就是官渡之戰中燒烏巢這場戰鬥。

古代糧草輜重的運輸非常困難，打仗時，軍隊的機動性很重要，所以軍隊不會隨身攜帶所有的糧草，大部分糧草要囤積在和軍營有一定距離的地方。在和袁紹對峙的時候，曹操得到情報，說袁紹的糧草都儲存在烏巢，並且防守薄弱，於是曹操親自帶領一支奇兵半夜偷襲烏巢，燒掉了袁紹的糧草。沒有了糧草的袁軍無法繼續作戰，再加上袁紹錯誤的指揮，導致了袁紹一方軍心渙散，一部分部隊還投降了曹操。內外交困，使得袁紹的軍隊很快崩潰，從而輸掉了戰爭。

官渡這場戰爭，說明了兩個問題：第一，糧草輜重是決定戰爭勝負的一大關鍵。在古代，運輸是一件成本高、耗時長的事，如果一方在戰場上的糧草和物資全部被毀掉，不管後續國力有多強，也來不及將糧草及時送上前線。因爲這個原因，在戰場上如何保持己方的糧草供應，燒毀對方的糧草，切斷對方的補給線，是取得戰爭勝利的一大關鍵。袁紹輸在了對保護補給不夠重視上，如果保衛烏巢的兵馬再多一些，他可能就不會失敗了。第二，「戰機」在戰鬥中的重要性。我們說戰爭是國力的比拚，但這種比拚不是機械性的，戰場的局勢一刻不停地變化著，這一刻我方在A地點強一些，下一刻對方在B地點更強一些。假如一方能抓住某個敵弱我強的機會全力出擊，消滅這批處於弱勢的敵人，那就能獲得一次勝利。假如這個勝利還能左右戰爭局勢，那就等於抓住了一個重要的戰機。

如果你熟悉競技類電玩遊戲的話，那麼就很容易理解這個道理。競技遊戲的一大核心思想，就是找到對手最弱、我方最強的那個時間點，全力出擊消滅對方的戰鬥力。如果你不玩遊戲也沒有關係，我再打一個比方。好比兩批人打群架（當然，打架是不對的，我們不應該打架，我只是打個比方）對方有二十個人，我方有十個人，敵強我弱。假如我們在對方二十個人湊在一起的時候去和人家打架，那是自己找不痛快，肯定打不贏。假如我們能等到對方一個人落單的時候，十個人上去打一個，那肯定次次都贏，這就叫做局部優勢。假如打的還是對方說話最管用的老大，把老大打得心理崩潰了，澈底不敢再打了，這就叫做打贏了關鍵戰役，用這個辦法，就可以以弱勝強。

正是因爲曹操在官渡之戰中準確地抓住了戰機，才獲得了戰爭的勝利。曹操如果和袁紹正面作戰，用全軍的力量也打不贏。但情報告訴他烏巢的兵力不強，曹操全力進攻烏巢，就可以在局部形成優勢，而且烏巢的糧草又是能決定戰爭勝負的關鍵，所以曹操就抓住了最重要的戰機。

反觀袁紹，他有好幾次對戰機的處理都失敗了。在官渡之戰的前期，曹操去進攻劉備掃除後患。袁紹的謀士建議應該趁虛進攻曹操的大本營，袁紹卻以孩子生病爲由拒絕了，氣得那位謀士用拐杖敲擊地面，大罵：「好好的機會竟然被小孩生病耽誤了！」另一個失誤，是在袁紹得知曹操偷襲烏巢的時候，派了主力部隊去進攻曹操的主營，卻只派了一支輕騎兵去援助烏巢。結果袁紹對曹營和烏巢的防守能力都估計不足，曹營沒打下來，烏巢也沒有救下來，從而導致了自己的失敗。

按照《三國志》的記載，在燒烏巢的當夜，袁紹派兵來救烏巢。此時曹操還沒有攻下烏巢，曹操的屬下報告說：「敵人的援兵快到了，請快點分兵阻擊！」可是曹操偷襲的部隊太少，連打烏巢守軍都不夠，所以曹操拒絕分兵，對屬下說：「等敵人到我背後了再報告！」在千鈞一髮之際，曹操攻破了烏巢，從此改變了歷史的走向。

照此來看，曹操贏得官渡之戰有很多僥倖因素：假如曹操沒有得到燒烏巢的情報，假如袁紹把烏巢看守得嚴一點，假如燒烏巢當夜曹操的動作慢一點，曹操都有可能會輸掉戰爭，甚至被袁紹殺死。但從另一個角度來說，曹操各方面的能力都超過袁紹，如果能給曹操足夠的發展時間，他的實力一定會強過袁紹。

袁紹身世顯赫，這是他的資本，也是他的負擔。他出身太好，對創業的態度就不夠認眞，不願意多動腦筋，在很多事情上墨守陳規。曹操卻不同，曹操的家業基本上是自己一刀一槍打出來的，他滿腦子想的都是怎麼能最高效地利用現有資源，把自己的利益最大化。

前面說過，中國古代政治家的眞正準則是「儒表法裡」，內裡是實用主義的法家。曹操就是一個特別務實的人，他用人唯才，打破世族門弟觀念，他發表過一篇著名的〈求賢令〉，裡面說，只要你有能力，哪怕你是坑蒙拐騙的壞人我都重用你，這在重視道德的古代簡直是大逆不道的言論，可見曹操重視實用主義到了什麼程度。

因爲這種實用主義，曹操招攬了大批人才，最大可能地團結了各地門閥。他努力發展領地內的經濟，還採用了「屯田制」，讓長期駐紮的士兵平時種田養活自己，解決了部隊吃糧難、運糧難的問題。有了這些長處，從長遠的角度看，曹操一定會強過袁紹。

因此，曹操打贏官渡之戰，在偶然性的背後還有一定的必然性。

三

接下來說說赤壁之戰。

赤壁之戰是三國時期最重要的一場戰爭，決定了三國鼎立的格局。

前面說過，曹操在各方面都有過人之處，經過他的用心治理，在赤壁之戰之前，他已經占領了中國北方大部分地區。三國時代，中國的主要糧食產區都在北方，換句話說，曹操已經擁有了各軍閥中最強的實力，統一中國只是時間問題。

赤壁之戰的大致過程是：曹操在長江以北編制了一支龐大的軍隊，想要進攻長江以南的孫權和劉備，結果在赤壁被人數少於自己的孫、劉聯軍擊敗。這場戰爭讓曹操損失慘重，曹操敗退回北方後，在很長時間裡都無力再南攻，只能坐看劉備和孫權在中國南方長期割據立足。

在講中國長江流域的戰爭時，經常有一個誤解：認爲長江是一道天塹，防守方只要在長江岸邊布防，進攻方就要付出很大的代價才能渡江。

其實，渡江本身並不難。每年的冬、春季節是長江的枯水期，此時長江江面變窄，渡江的難度不是很高。包括赤壁之戰在內，中國歷史上渡過長江的戰役大多選擇在冬、春季節發動。

沿江防守卻很難，因爲長江太長了。長江長達幾千公里，沿途有許多可以渡江的地方，進攻方掌握主動權，想在哪裡渡江都可以。防守方可就慘了，要防守長江，就要在幾千公里的漫長防線上一一布防，哪一處的兵力都不能太少。這和農耕民族需要在長城沿線駐守數倍的兵力去防守游牧民族是一個道理。

但是長江並非不重要。長江和長城類似，價値在於爲己方提供機動性。水運的成本遠比陸運低，只要占領了長江，軍隊就可以靠戰船的運輸快速出現在長江沿線的任意一點。這樣就可以在短時間內集中部隊，尋找敵人沿江的弱點任意進攻，這才是占領長江的眞正好處。

在展開南攻之前，曹操已經占領了長江上游的荊州，他完全可以從荊州渡江，先到長江南岸，從南岸順流而下進攻江東（東吳）。問題是，如果曹操沒有先消滅長江上的江東水軍，那麼江東就可以用戰船隨時切斷曹操南北方軍隊的連結，讓南方軍隊失去補給和增援，把曹軍分而治之。江東還能利用水軍的機動性，把部隊隨意投放到曹軍的背後和側翼，隨意挑選進攻的地點、時機，這樣曹軍一點勝算也沒有。所以，在長江沿線作戰的關鍵不是渡江，而是消滅長江上的敵方水軍，奪取長江江面的控制權。

曹操的戰略就是如此。在占領長江上游的荊州後，曹操不忙著渡江，而是先訓練一支水軍。他讓水軍和長江北岸的陸軍沿著長江從上游到下游進軍，尋找江東的水軍正面決戰。曹操的兵力遠遠強過江東，只要正面消滅了江東的水軍，戰鬥就結束了。

曹操的戰略沒有錯，實際上後來西晉滅亡東吳的戰爭，採用的也是在上游建造大船、沿江而下的戰術。曹操失敗在具體的戰鬥上。沿江而下的曹軍，在赤壁正好遇上了沿江而上的孫、劉聯軍，誰知道，強大的曹軍竟然戰敗，逆轉了戰爭的形勢。

曹操的失敗，主要有兩個原因。第一個原因是曹軍營中爆發流行病，士兵減員嚴重。這和曹操不熟悉南方的流行病規律有關，也因爲曹軍中有不少是北方人，缺少對南方流行病的免疫力。第二個原因便是火攻了。在兩軍對壘時，江東的將軍黃蓋寫信給曹操，謊稱要投降，曹操大喜過望，立刻同意。曹操不知道的是赤壁地區風向變化突然，江東將領作爲本地人，熟知此處風向的變化規律，他們精心挑選了黃蓋詐降的時機，在判斷風向刮向曹營的那一天，黃蓋調動快船十艘，在船上裝滿了柴草、魚油，打出和曹操約定好的暗號，向曹操的水寨駛去。在接近曹營的時候，黃蓋命士兵在船上點火，自己則和士兵乘坐搭載在快船上的小舟撤離了。

此時勁風刮向曹營，火船趁著風勢速度很快，曹軍無法阻攔。快船撞進曹軍水寨後，立刻引燃了曹軍的戰艦。而且由於曹軍中的北方士兵不習慣在搖搖晃晃的船上作戰，曹操命人將大船用鐵鏈連接以保持平穩，戰艦被點燃後，大船之間無法及時分離，導致大火四處蔓延，無法施救。與此同時，江東的軍艦在水上進攻曹軍水寨，劉備的陸軍在北岸進攻曹軍旱寨，前後夾擊之下，曹操只能敗退。在撤退的過程中，曹軍又遇到饑荒、瘟疫的困擾，兵力損失巨大。最終曹操元氣大傷，終其一生都沒能再統一南方。

大自然威力無窮，從古至今對人類歷史的影響都很大。曹操的失敗，主要敗在了自然環境上，敗在了北方人難以抵抗南方瘟疫、北方人不習慣水戰、北方將領不熟悉赤壁地區風向變化等這幾點上。假如曹操面對的是軟弱的對手，這幾點也不算致命要害。偏偏江東統帥周瑜有過人的智慧，巧妙地把曹軍這幾個弱點利用起來，制訂了正確的策略，給予曹軍致命地一擊，換一位差一點的指揮官，這場仗也打不贏的。

官渡之戰和赤壁之戰都是中國歷史上以少勝多的著名戰役。但是，奇蹟般的戰術只能延緩歷史的進程，卻改變不了歷史的大趨勢。曹操在用人、治國、屯田、用兵等各方面的綜合能力遠遠超過其他軍閥，因此他的崛起是歷史的必然。曹操在赤壁之戰中雖然輸了，但是曹魏占據的領土最大，在三國中的生產力最強。隨著時間的推移，曹魏和蜀、吳之間的國力差距越來越大，最終，中國還是被曹魏以及接替曹魏的晉帝國統一了。

太厚道的人理解不了帝王之術——

五胡十六國與淝水之戰

一

這一章主要講的是兩晉南北朝時期。這段歷史比較亂，我們先簡單梳理一下。魏晉南北朝開頭是三國時期，我們都已熟悉。三國混戰，最後魏國獲勝，但是在統一中國之前，魏國就被晉國取代了。晉統一了中國，建立了「西晉」。

西晉統一的時間不長，很快發生了內亂（八王之亂）。借著西晉內亂的機會，北方的游牧民族南侵，一舉攻陷了西晉的首都洛陽。西晉的王族大臣們紛紛南逃，在中國南方建立了偏安一隅的小朝廷。新朝廷定都在今天的南京，而南京比洛陽靠東，所以這個政權被稱爲「東晉」。

東晉在中國的南方關起門來過自己的小日子。與此同時，中國的北方有一大堆游牧民族和漢族的小國家互相打來打去，這段時期被稱爲「五胡十六國」。「五胡」，就是五個游牧民族，「十六國」就是十六個國家，實際上總數不只十六，總之就是亂打成一團糟。北方的「五胡十六國」和南方的「東晉」是同一個時期的事。

後來形勢又變了。北方被一個游牧民族政權統一後，又相繼被若干個游牧民族政權代替；南方類似，接二連三被好幾個漢族政權統治。這段歷史，我們可以把中國分成南、北兩個部分：北方有好幾個游牧民族建立的「朝代」，南方也有好幾個漢族建立的「朝代」，因而這段歷史被稱爲「南北朝」。

最後，來自北方的隋朝統一了整個中國。

兩晉南北朝是一段長達三百多年的分裂時期，這麼長時間的分裂，在中國歷史上是絕無僅有的。

這段歷史，可以簡單地總結爲下表：

歷史上的稱呼	西晉	東晉	南北朝
北方的統治者	西晉	五胡十六國	若干游牧民族政權交替
南方的統治者		東晉	若干漢人政權交替

如果實在記不住，這麼記也行：

歷史上的稱呼	西晉	東晉	南北朝
北方的統治者	西晉	一大堆漢族、游牧民族政權打來打去，非常非常亂	
南方的統治者		若干漢人政權，一個代替另一個，不是很亂	

二

我們這一章講的是從西晉到東晉這段歷史。

東漢末年，門閥世家開始登上政治舞臺，到了魏晉南北朝的時候，這種情況愈演愈烈，很多國家大事門閥說了算，這種社會被稱爲「門閥社會」⑫。

在「門閥社會」下，某人能當上皇帝，靠的是自己家族的勢力。這種制度很不穩定，只要皇帝家族勢力變弱，大權就會旁落，比如曹操是位非常厲害的大政治家，整個魏國都是他一手建立的，可是他的後代能力太差，家族勢力逐漸衰弱，再加上魏國第三代皇帝登基時只有八歲，於是大權旁落，皇帝身邊有權勢的曹氏門閥和司馬氏門閥展開了權力爭奪戰，最終獲勝的是司馬家，於是魏國落到了司馬氏的手裡，國號改爲「晉」，中國進入了西晉時期。

西晉借助魏國打下的基礎，很快統一了中國。西晉也屬於門閥社會，皇帝除了司馬家的

⑫「門閥政治」一詞，一般指的是曹魏、西晉、東晉和南朝時的政治形態。南北朝時的北朝和隋唐的政治形態有所不同，後者的皇權更大一些，門閥的勢力更小一些。我們為了敘述簡潔，把從魏晉到隋朝的這段歷史，統稱為「門閥社會」。

親戚外，沒有外人可以依靠。皇帝司馬炎看到當初司馬氏取代曹氏的時候，曹氏衰弱，拿不出可以和司馬氏對抗的實力，於是他決定回到分封制時代，把天下領土分封給自己的親戚，讓他們手握重兵，這樣在將來的門閥爭鬥中，司馬家還可以留幾張底牌。

前面講過分封制會導致分裂，這一次也不例外。

司馬炎之後，繼位的是晉惠帝，這位晉惠帝最有名的典故是「何不食肉糜」。據說有一年饑荒，大臣報告說：「百姓沒有飯吃，餓死了很多人。」結果晉惠帝回答：「百姓沒有飯吃，那爲什麼不吃肉粥呢？」這個故事反映了統治者遠離底層人民的荒誕與不堪，流傳很廣。

無獨有偶，十八世紀法國大革命爆發前夕，人民生活艱難，據說當時的瑪麗皇后聽到「百姓吃不到麵包」時天眞地回答：「那他們可以吃蛋糕啊！」這也是一個流傳很廣的故事。然而經過史學家的考證，瑪麗皇后並沒有說過這樣的話。我們要特別注意，歷史上這一類極具戲劇性的小故事有很多都經不起考證。即便是當時的人，也可能是把一些聽著刺激的傳言當成眞事來流傳，因此這一類故事我們只能姑且聽之，不能當作正史。

雖然「食肉糜」的軼事不可信，但晉惠帝的智商確實有問題，於是皇權再次旁落，外戚專權，門閥互鬥。司馬炎分封的那些諸侯是皇族中分封的八個王，他們手握重兵，但他們不是爲了皇室而戰，而是爲了自己奪權而戰，天下又陷入了一連串的軍閥混戰中。這場戰亂，被稱爲「八王之亂」。

經過連年的混戰，八王之亂最終平息，但整個西晉的政治、經濟都受到了極大的破壞，國家凋敝不堪。

最後獲勝的，是來自北方的游牧民族。

前面說過，游牧民族南侵是中國古代史上永恆的主題。早在八王之亂之前，游牧民族已經逐漸南遷，居住到長城以南的地區。他們中有一部分是漢朝爲了充實邊境人口，刻意南遷進來的；有一部分是趁著三國中原混戰的機會入侵來的；還有一部分是三國軍閥混戰的時候，一些軍閥邀請入關幫助自己作戰的。另外，根據氣象歷史學家的考證，魏晉南北朝時，中國的氣候比較乾燥寒冷，草原面積減少，這也是促使游牧民族不斷南下的原因之一。

趁著八王之亂後西晉極度衰弱的機會，北方游牧民族大舉南侵。西晉的漢人貴族抵擋不住，只能向南方逃竄，在南方建立了「東晉」。

東晉時期，中國北方有史以來第一次被游牧民族長久占領。戰亂和劫掠驅使大量的北方漢人遷居到南方。北方百姓慘遭塗炭不說，北方的貴族遷居到南方後，大肆侵占南方的山澤土地，南方百姓也飽受苦難。不過這場災難也對南方經濟帶來了契機，經濟得到了快速發展的機會。

說到這個話題，我們先稍微談一下，爲什麼在此之前，中國經濟的重心會在北方？南方溫暖潮溼的氣候，不是更適合農業種植嗎？

其實，兩千年前北半球的氣候和現在不一樣，遠比現在更暖和。據考證，夏、商時期，中國北方的溫度相當於今天的亞熱帶地區。殷商出土的文物中，發現了不少屬於亞熱帶地區的動物化石，甲骨文卜辭中還有捕獲大象的記錄。

也就是說，在中華文明起源的時候，中國北方的溫度溫暖宜人，最適合動植物生長。相比之下，南方溫度過高，容易滋生瘟疫、毒蟲，生活反倒不易。因此雖然古代中國南北方都有人類居住耕種，但是北方更適合農業生產，農業經濟比南方更發達。

在中國歷史上，氣候呈週期性的冷熱變化，整體趨勢是越來越冷，所以我們今天才會覺得北方氣候乾冷，不如南方溫暖宜人。在整個中國歷史上，北方的戰亂和自然災害大部分時候要多於南方，北方人民南遷在歷史上持續不斷，再加上北方氣候逐漸變冷，北方環境因爲人口過多而被破壞得越來越嚴重，因此越到後來，南方的經濟水準就越高。到了唐朝末年，南方經濟逐漸超過了北方。再往後，南方成爲了中國農業的重心，北方需要常年從南方輸送糧食了。

三

西晉滅亡後，北方的漢人慘遭驅逐，但是占領北方的游牧民族日子也不好過。他們占領的領土太大，時間太短，一時間消化不了這麼大的土地。

游牧民族越過長城占領了中原，從此以後，他們要放棄游牧生活，開始統治農耕地區。統治的面積小還好說，面積一大，就有問題了。

回想之前的周朝，為什麼要把領土分成那麼多份給自己的親戚，最後導致國家分崩離析？是因為當時的周朝政府沒有很好的辦法管理那麼大的領土，他只好分封出去，讓親戚代管。後來大一統的秦朝、漢朝，又是怎麼解決這個問題的呢？我們說過，「儒表法裡」、「王霸雜之」。對於統治百姓來說，這意味著兩點：第一，需要一套複雜嚴密的官僚機構，保證皇帝的權力能夠延伸到帝國的每一個郡縣，這是「法」。第二，需要全套的儒家思想，用「禮」、「仁」的道德思想教化百姓，減少農耕社會的管理成本，這是「儒」。

這兩套系統，在當時都是農耕民族特有的，大多數游牧民族都沒有系統地學習過。西晉滅亡以後，那些占領了中原的游牧民族僅僅在武力上征服了北方，他們既不會建立成熟的官僚結構，也不大了解儒家道德對統治的意義。因為缺乏最基本的統治才能，建立的政權也就不能長久。在這一百多年的時間裡，南方一直都是統一的東晉，北方卻是「五胡十六國」，先後出現了很多很多的國家，統治十分不穩定，淝水之戰就是在這樣的背景下發生的。

在「五胡十六國」正中間的這段時期，氐族統一了中國北方，首領叫做苻堅。氐族發源於中國西北地方，和當年秦朝的發源地相同，因此國號取名為「秦」。因為在五胡十六國期間，後面還出現了兩個國號為「秦」的國家，因此苻堅的政權被後人稱為「前秦」。

苻堅是一位很有能力的君主，他依靠強大的軍事實力打敗了其他游牧民族，統一了中國北方。這是西晉滅亡以來中國北方第一次被統一。苻堅因此志得意滿，在統一北方不久，他決定趁勢把南方的東晉一起滅掉，成就不世功業。

但是他太心急了。作為游牧民族政權，苻堅統一北方的時間太短，他只是在軍事上讓各地臣服，還沒來得及用官僚系統和儒家道德把國家整合為各地皆服從於中央的整體。

苻堅是氐族人，他以氐族的武力征服了漢族和其他游牧民族。但是，其他民族僅僅是怕了他的武力，並不是眞的臣服於他。苻堅並不是不懂儒學，那時的游牧民族領袖受到漢族的耳濡目染，知道只有模仿漢族朝廷的模式，才能統治好農耕民族，但是他們學習的時間太短，很多人都只學到一點皮毛。所謂「儒表法裡」，「儒」是在表面上的，人人都去談的。「法」這部分是藏在裡面的，很少有人直接談論的。一個不熟悉這一套的人乍一看漢族的統治方法，就只看到表面的「儒」，就只有仁義道德，他要是只學了這一半，那就學偏了。

苻堅就是一個典型，他是儒家文化的堅定擁護者，信奉「禮」、「仁」之道。但是苻堅只知其一不知其二，他不知道「儒表」之外還有「法裡」。我們說過，對於大臣來說，「儒表法裡」的意思是「表面大談道德，實際要用權術」，但苻堅就是單純的仁義。苻堅對於自己征服過的敵人統統既往不咎，甚至還委以重任，哪怕再次反叛的人，他抓住後還是重用。他過於寬厚，導致治下的各民族首領蠢蠢欲動，很多人都在謀劃叛亂——反正被抓住了也不會被處死。

在外表看似強大、實則內患無窮的情況下，苻堅開始了對東晉的征服戰爭。其實，苻堅是很有可能征服東晉的。前秦雖然問題重重，但軍事實力遠遠強過東晉，苻堅趁著剛統一北方的聲勢，一波推到南方還是有可能的，但結果是東晉打贏了。

先講一點地理知識。淝水之戰和赤壁之戰一樣，都是北方進攻南方的戰爭，但是戰爭的地點不同，赤壁就在長江上，淝水卻在長江以北，位於淮河流域。淮河位於黃河和長江之間，長度要比黃河、長江都短。看地圖會發現，淮河附近水網密集，密密麻麻都是河道。這裡的地理特點是河多、湖多，還有不少的山地和丘陵，這種地形非常適合水軍作戰，不適合騎兵馳騁。前面說過，騎兵是個特別強大的兵種，中國北方擅長培養強大的騎兵部隊，但是北方騎兵一到了淮河流域，優勢盡失，反倒是善於水戰的南方軍隊能占優勢。所以在南方防守北方的戰爭中，淮河流域常常作爲長江防線的延伸。淮河流域縱深很廣，在這個地區進行防守，可以利用空間來減緩敵人的攻擊情勢，加長敵方的補給線，分散敵方的兵力，讓敵人在進攻中暴露薄弱的側翼，因此在中國歷史上，有「守江必守淮」的說法。淝水之戰就是在淮河流域發生的。

爲了征服東晉，苻堅組織了一支龐大的軍隊，號稱百萬。如果真有百萬大軍一起來到淝水，那多少東晉部隊都不夠打的。可是在交通和通訊技術很差的古代，組織百萬大軍需要極強的協調能力，苻堅統一未久，對各地部隊不能做到精確地調遣，他雖然下達了調集軍隊的命令，但是由於路途有遠有近，組織能力有強有弱，各部隊到達戰場的時間差別很大。真正在第一線參與淝水之戰的，只有十五萬軍隊（一說三十萬）。雖然仍舊比東晉部隊多很多，但並非是不可戰勝了。

更倒楣的，是苻堅還被自己的手下出賣了。前秦軍隊和東晉軍隊在淝水兩岸對峙時，苻堅手下有一員叫朱序的大將，在戰爭前借著和東晉談判的機會，跑到東晉的大營裡，和東晉的指揮官謝安訂下一條計策。朱序讓謝安寫信給苻堅說：咱們要是一直在淝水兩岸對陣，這就變成持久戰了，打得不痛快呀！要不這樣，你稍微後退兩步，我們渡過河去，咱們到河那邊來個大決戰，你看怎麼樣？苻堅看到這封信後，以爲謝安在耍笨。苻堅認爲可以將計就計，在東晉軍隊渡河的半途中發動進攻，必可獲勝。

苻堅的想法不錯，但是他的部隊沒有足夠的執行力。在古代戰場上，個人的視角很狹窄，無論士兵還是將領，他們看到的只有自己附近的一小塊地區，對於遠在數里之外的情況，只能聽偵察兵和傳令兵的消息。苻堅的十五萬軍隊人數太多，在戰場上擺開時占了很大一片土地，有些軍隊和指揮中心距離很遠，通訊十分不便。在全軍大撤退的時候，看到友軍大規模地後退，消息不靈通的部隊會產生疑惑，不知道陣前發生了什麼。

爲了防止部隊之間產生誤會，古代的將領會嚴格訓練部隊，要求無論戰場上發生什麼情況，將領在接到新的命令之前都要無條件地執行原有命令，士兵也要無條件服從將領的命令。問題是，苻堅的這支軍隊由很多民族部隊組成，其他民族和苻堅並非是出生入死的兄弟，只能算是暫時合作的小夥伴，他們中很多人還想著有朝一日取苻堅而代之，誰會在關鍵時刻爲苻堅賣命？一旦看到戰場失利，逃跑是他們最理性的選擇。

就在這個時候，朱序突然在前秦軍隊後方大喊：「秦軍敗了！」這個信號加深了前秦軍隊的疑惑，當有的軍隊信以爲眞而確實敗退時，就會產生連鎖反應：敗退的軍隊越多，其他軍隊越加相信敗退的事實，這就叫「兵敗如山倒」，軍隊一旦開始潰退，阻止敗勢就是不可能的了。這時，已經和朱序聯絡好的謝安真正發動了進攻。假撤退變成了真潰敗，前秦大軍一敗不可收拾，從而澈底輸掉了戰爭。

苻堅的失敗，主要敗在他不懂得統治農耕民族的關鍵。苻堅以為自己是中國北方的統治者，實際上他只是諸民族聯盟的盟主。淝水之戰，苻堅損失的不過是十幾萬人，要是換成了統治穩固的政權如曹魏，輸了，回去重整旗鼓就是，可是苻堅的統治太鬆散，其他民族首領看到他大敗後，沒人再聽他的命令，紛紛造反。兩年後，前秦就被其他游牧民族消滅，中國北方再次陷入了混戰中。其實就算苻堅在淝水之戰中獲勝，征服了東晉，以他的統治方式也無法長久，前秦也早晚會陷入內亂。

具體到淝水之戰的失敗，也和苻堅不懂得「儒表法裡」、不懂得「表面仁義內心厚黑」的帝王之術有關。那個讓他吃了敗仗的朱序原本是東晉的大將，在之前的戰爭中被苻堅俘虜，苻堅過於熱衷儒家「仁」的品質，以為他待人寬厚就能感化降將，殊不知漢將在「儒」的下面還藏著「法」的權術，稍不留神就被算計。

帝王之術，不是那麼好學的啊！

改革不是那麼容易的事——

北方民族大融合

一

這一章，講的是「南北朝」時發生的事。

南北朝在五胡十六國之後。五胡十六國的時候，北方的游牧民族第一次統治農耕民族，還摸不清技巧，建立的政權接二連三地失敗。經過不斷地嘗試、總結經驗，游牧民族的領袖逐漸掌握了統治農耕地區的技巧。到了南北朝的時候，游牧民族知道應該如何向漢民族學習，統治技術漸漸嫻熟。這段時期北方政治的穩定性要強於五胡十六國，分裂的政權變少了，政權之間的更替時間也變長了。

我們這一章所講的北魏孝文帝遷都和改革，就是游牧民族模仿漢人統治模式的一個關鍵事件。

上一章講過，游牧民族需要學習的統治之術有兩方面，「儒表」和「法裡」：儒家的禮教道德和法家的政治經濟制度。

先說儒家道德。儒家道德（也就是禮制）對社會統治的好處，我們已經講過了：用道德手段來維護社會秩序，降低管理社會的成本。但儒家道德也不是那麼好學的，「教化百姓」聽著簡單，其實是一套很複雜的系統，其中包括一些複雜的倫理學問題，如：親情和法律衝突的時候，該怎麼選擇？這些問題由很多儒家學者反覆研討過，形成了好幾套邏輯相容的理論體系。

儒家禮制還包括一系列的規矩制度，如：要求全民定期祭祀，要求各地官員按照儒家道德管理百姓，這套系統能保證儒家道德在全國普及，而不只是淪爲空泛的道德口號。

第二個要學的，是政治和經濟制度。

儒家道德僅僅能讓百姓安分守己、不犯法，光靠這點還不足以統治國家。在講王莽的時候我們說過，統治國家還需要政治學和經濟學知識。要懂得如何建立一套官僚系統，如何收稅，如何管理田地買賣，如何控制鹽、鐵等戰略物資的生產，如何控制貨幣發行等。這些知識就不屬於道德問題，而是一個個技術問題了。明白了這點，我們再來評價孝文帝。

二

在游牧民族早期儒化的隊伍中，北魏孝文帝是最激進的一個。他不是部分地學習儒家思想，而是要把自己所屬的鮮卑族從頭到腳全盤儒化。不光要讀儒家的書，模仿儒家的官僚制度，甚至連穿什麼衣服，說什麼語言，都要改成漢民族的。

因爲孝文帝的所作所爲，他成了儒化的英雄。然而從現在的角度來看，他的很多改革舉措都有值得商量的餘地。

孝文帝繼承帝位的時候只有五歲，按照北魏的習慣，爲了防止皇后專政，太子繼位後要殺死他的生母，所以孝文帝的母親很倒楣，在孝文帝繼位的同時就被賜死了。但是皇帝太小，還是管不了國家大事啊！大權就落到他的祖母文明太后手裡。文明太后是漢人，也是個高瞻遠矚的政治家，北魏的漢化改革其實從文明太后的時候就開始了。

文明太后制訂了幾項非常重要的漢化政策，如均田制、三長制、租調制、朝廷向官員發放俸祿等。這些政策主要是從政治和經濟角度進行漢化改革，也就是說，是從「法」的角度去改革。原先的北魏有很多從游牧民族延續下來的制度，如：王室之下有很多部落，王室不負責各部落的花費，各部落缺錢就從自己領地裡徵收或者自己去劫掠，拿多少也沒有定額。顯然，這種模式不適合統治農耕民族，既不利於百姓進行農業生產（天天過著被搶的日子，誰還願意生產），財富也都流入了部落首領和地方漢族豪強（他們幫助部落首領向百姓徵收）的口袋，時間長了很容易造成地方分裂。

文明太后的幾項改革政策改變了上述情況，把稅收大權抓到王室的手裡，這對於北魏的長久統治是很有必要的。

到了孝文帝執政的時代，他漢化的願望比文明太后還要強烈，執政不久，他就準備把北魏的都城從今天的山西大同南遷到洛陽來。

南遷的理由大概有這麼幾個：一是大同這裡鮮卑舊族居多，孝文帝推行漢化的壓力太大。二是北魏統一北方之後，想要繼續向南征服中國南方，大同太靠北方，不利於組織南方的戰爭。三是大同的糧食產量太低。大型帝國的首都附近必須駐紮大量的中央軍，這樣才能保持中央對地方的軍事優勢，而龐大的軍隊需要大量的糧食，古代運糧成本太高，因此古代大帝國的首都大多選擇在糧食產量較高的地區。洛陽符合以上幾點要求，糧食產量高，位於中原的中心，交通便利，易於防守，之前曾是很多中原王朝的都城。

整體來說，北魏遷都到洛陽是個利大於弊的決定。

除了遷都這件事外，孝文帝還有一系列改革措施。我們先說比較可靠的幾條：「採用漢族的官制、律令」，這是從「法」的角度改革。「學習漢族的禮法，尊崇孔子，以孝治國，提倡尊老、養老的風氣」，這是從「儒」的角度改革。「以孝治天下」的好處，我們在「『國學』一點都不神祕——百家爭鳴」已經說過了。

「鼓勵鮮卑貴族與漢族貴族聯姻」，這一條是為了減少民族隔閡。游牧民族的人口總數有限，如果長期放任民族隔閡，就會出現苻堅那樣政局不穩的情況。聯姻可以減少民族紛爭，於國於民都是好事。

以上幾條改革的好處顯而易見，我們單說剩下不可靠的幾條。

三

前面講苻堅的時候說過，那些不是很熟悉漢族政治的人學漢族時，只看到了「儒表」，看不到「法裡」。苻堅在對待大臣上犯了這個錯誤，孝文帝在統治百姓上也犯了這個錯誤。孝文帝知道儒家對統治有好處，但他主要看到了儒家表面的禮儀那一套，只看到了各種複雜的規矩、特殊的儀式、繁多的名目，他以為模仿了這些表面的東西，就掌握了漢族統治的祕訣，這當然是錯的。

孝文帝的幾條不可靠改革，大多和這個有關。

先說「將鮮卑族的姓氏改為漢族姓氏」。

兩晉南北朝是門閥社會，大門閥能左右朝廷局勢，那些大門閥家族顯赫，以本門姓氏為尊。孝文帝改鮮卑族姓氏，是想學漢族的門閥制度。他不光是改姓氏，還硬性劃分出八個高級姓氏和一些次級姓氏，選拔官員以姓氏門第論。

我們將來會說到，門閥政治是一種落後的、弊病叢生的制度。孝文帝改姓氏，說明他沒有看清當時漢族政治的利弊，把壞的制度也學來了。

再說「官員及家屬必須穿戴漢族服飾」，簡稱「禁胡服」。這個政策乍一看是沒有問題的，中國傳統文化的確非常重視穿衣打扮。

在古文中，有一個詞叫做「左衽」，用來指代「少數民族」。「衽」，是「衣襟」的意思。古人穿的大袍子，前面的兩片衣襟壓在一起，在胸前形成一個類似「y」的樣子。以穿衣人的角度來說，這個「y」下面這一撇，撇向左邊，就叫「左衽」，撇向右邊，就叫「右衽」。

漢族的傳統習俗是，穿衣服一定要「右衽」，死者穿衣服才用「左衽」，以示和生者的區別。如果你平時的衣服是「左衽」，說明你這個人不會穿衣服，屬於外族。所以古文就用「左衽」來指代「少數民族」⑬。

⑬日本深受儒家文化影響，今天的日本人穿和服或者日式浴衣的時候，仍有「右衽」的要求。另外，「左右衽」的習慣在古代不是絕對的，如明初的女性也常穿「左衽」。

在我們今天看來，衣襟哪邊壓哪邊實在是個很小的事，一般人不會注意。但就這麼一點服飾的細節，竟然能區分這個人是哪一個民族，是活人還是死人，可見傳統文化對服飾有多麼重視。

儒家對於該怎麼穿衣服、怎麼戴帽子，都有特別嚴格的規定，這是為什麼呢？

儒家推崇「禮」，認為社會必須有嚴格的等級秩序。每個人都有自己的社會身分，他的行為必須符合這個身分。用通俗的話說，當百姓就得有當百姓的樣子，當官就得有當官的樣子，當皇帝就得有當皇帝的樣子。可是，一個社會裡有那麼多人，人們怎麼知道對方的身分呢？

身分不是人天生就帶來的東西，是社會外加給人的。假如我們生活在一個裸體的世界裡，人人袒裎相見，官員和貧民都光著屁股面對面站著，誰又能比誰高貴呢？所以，儒家需要一個外在標記來表示人的身分，這個標記就是衣冠。因此儒家特別看重服飾的樣式，錯穿一點都不行，穿錯衣服身分就亂，身分一亂社會秩序也就亂了。

可是孝文帝一股腦地禁胡服、學漢服，卻不是一個特別好的做法，他沒必要全面禁止胡服，因為衣冠的重要性不在於具體的樣式，只在於它能區分出每個人的身分等級。你繼續用胡服的樣式，只要模仿儒家衣冠文化的嚴格規定，對於統治的效果是一樣的。比如清朝全面模仿儒家的禮儀制度，他們的衣服是在滿族服飾的基礎上參考儒家衣冠制度設計出來的「旗裝」，樣式和漢服不同，卻不妨礙他們使用儒家禮制。

改穿漢服也不是沒有好處。游牧民族的服飾是為了便於騎馬射箭，抵禦北方風寒設計的，到了以農業生活為主的中原，這樣的衣服沒有了用處，反倒不如漢服舒服。但孝文帝那種用政令方式禁止胡服的做法，問題就很大了。

什麼問題呢？我們先講完「禁胡語」再說。「禁胡語」，就是朝廷中三十歲以下的官員必須使用漢語，不許用鮮卑語。

提倡說漢話的確有好處，因為當時亞洲最重要的著作都是由漢語寫成的，著作量太大，全部都翻譯成其他文字是不可能的事。鮮卑族統治者想要儘快用知識武裝自己，最好的辦法是親自學習漢文，而且長城以南的地區人口數量最多的是漢民，政府從上到下也要任免不少漢族官員，僅從交流方便的角度講，提倡學習漢語也是對的。五胡十六國中的其他游牧民族統治者，也都提倡學習漢語。

但是，學漢語的同時沒必要禁用自己的鮮卑語啊！還是拿後來的清朝為例。滿清入關以後，為了維持統治，皇帝會學習漢文和蒙文，很多皇帝的漢學造詣精深。但與此同時，清朝皇帝並沒有放棄滿語，他們稱滿語為「國語」，要求八旗官員必須熟練掌握滿語技能。在面對滿族嬪妃和太監的時候，在和滿族官員對話時，以及在批改滿族官員的奏摺時，清朝皇帝都會使用滿語。這個政策也沒有影響清政府用儒學來統治中國。

站在維持自身統治的角度來講，禁胡語和禁胡服都不是必須的，爲此付出的代價卻很大。

四

民族自豪感是一種天生的情感。我們內心深處總是覺得自己的民族比別的民族更優秀，聽到有人誇自己民族好，心裡就喜滋滋的。甚至有些人對民族的感情到了非理性的程度，只要是誇獎的話，不分眞假都願意相信。

這種強烈的民族自豪感來自於我們的基因。在遠古時代，人類只有團結在一起才有可能生存下去。如果一個集體中的成員對本集體愛得毫無理性，那麼這個集體就能抵抗更大的壓力，更有可能生存下去。因此今天的我們天生都有這種非理性衝動，比如在學校裡，每個班的學生都覺得自己的班級是年級裡最優秀、最好的（它還有一個好聽的名字，叫做「集體榮譽感」），這顯然是荒謬的。從邏輯上說，一個年級裡只可能有一個班級是最優秀的，如果每個人都認為自己的班級在全年級是最好的，那說明這個年級裡絕大多數人的頭腦都不清醒。

但是，強大的基因衝動可以讓我們置邏輯於不顧，這就是「自豪感」的威力。

民族自豪感人人都有，鮮卑族也不例外。平白無故要一個人放棄自己民族的語言和服飾，對於任何人都是感情上難以接受的事。孝文帝禁胡服和禁胡語的命令引起鮮卑人極大的反感。大部分鮮卑族官員都是陽奉陰違，上朝用漢語，下了朝還是繼續說鮮卑話。甚至連太子都反對他，私下偷偷換上鮮卑族的服裝，還逃出洛陽返回故都，結果被孝文帝賜死。

孝文帝雖然正確地意識到學習儒家思想的必要性，但他沒能分清哪些知識必學，哪些可以不學或者緩學。他的改革政策不符合當時的社會環境，違背了大部分鮮卑貴族的感情訴求，只能靠武力的手段強制推行。偏偏孝文帝執政的時間又不長，在遷都五年後就死了。在他死後，北魏政局日益糟糕，境內叛亂四起，很快就被其他軍閥取代了。

五

這一章的主題是「民族融合」，我們就這個話題再多說幾句。

中國歷史上，有很多民族和漢族融合在了一起。比如鮮卑族，經過長時間的農耕生活，他們學習了漢族的生活習慣和傳統文化，逐漸失去了本民族的文化特色。到了隋唐時，鮮卑族和漢族融爲一體，漸漸消失了。歷史上還有不少民族的情況也是類似，爲什麼會出現這種情況呢？主要和生活環境有關。

所謂民族文化，其實在很大程度上是由生活環境決定的，比如長城以北的民族文化多和游牧生活有關；長城以南的民族文化，多和農耕生活有關。當兩個不同民族的人民由於遷徙、戰爭等原因混居在一起時，因爲他們的生活環境相同，生活習慣必然趨同，最終民族習俗也就會趨於一致。再加上長期混居容易打破語言的障礙，通婚會消除血緣的差別，久而久之，兩個民族也就會融爲一體了。

在五胡十六國期間，有很多游牧民族入主中原。一開始，他們儘量保留本民族的習俗，甚至有些人還堅持住帳篷，堅持騎馬放牧。但是中原地區的人民整日都在農耕，游牧民族在這裡生活時間長了，不得不接受包餃子、吃米、麵，按季節到村子裡收稅的生活方式。

尤其是那些在中原地區出生的後代，他們很自然地覺得，以漢族的生活習俗在中原生活，要比堅持游牧民族的習俗更舒服、更方便。幾代人以後，這些游牧民族的生活方式也就和漢族沒什麼區別了。

滿清入關以後，想了很多辦法堅持本民族的文化習俗，比如：要求八旗子弟說滿語，習騎射。一開始這些要求還有點用處，但是在漢地生活了幾十年、上百年後，連八旗子弟也覺得還是漢族的生活方式更舒服。等到民國時再看那些八旗子弟，提籠架鳥、擅書能畫，一嘴的京片子，已經基本沒有游牧民族的痕跡了。

反過來，在中國歷史上有一些漢族人跑到長城以北生活，時間一長，他們的生活習慣也和當地的游牧民族相同了。

另外還有一個宗教問題。

不同民族的人群長期混居會造成融合，但在一種情況下例外：有宗教的影響。宗教的約束力要大於生活環境的影響，世界上大部分宗教都要求信眾嚴格遵守獨特的生活習慣。虔誠的宗教信徒不會在生活習慣上隨便和教外人士混同，融合也就難以實現。所以西方有一些地區常年有多民族、多教派混合居住，卻並沒有融合。

中國的情況不同，古代中國由於儒家思想占絕對優勢，宗教對人們的影響要小得多。在歷史上，傳入中國的宗教都要在教義上向儒家妥協，在不和儒家思想產生衝突的情況下才能傳播。所以中國傳統宗教對民眾的約束力很小。很多中國百姓更相信「仁義禮智信」這些儒家教條，宗教信仰不是特別虔誠。比如在中國經常可以看到這樣的情況：和尚、道士見面和朋友一樣攀談論道；老百姓前腳拜完菩薩，後腳就去向太上老君磕頭；甚至還有不少同時信奉儒、佛、道，推崇三教合一的教派。爲什麼在古代中國的民間，各個教派之間不怎麼打架呢？因爲大家在儒家道德上找到了共同點。連宗教本身都趨於混同，宗教也就不可能在中國造成族群對立了。

爲什麼民族融合是中國歷史的大趨勢呢？我們說過，農耕民族的生產力要比游牧民族高，中原要比長城以北更富足，更能抵禦惡劣天氣的影響。因此一旦有機會，北方的游牧民族總想要進入長城以南生活。哪怕他們是以征服者的姿態進入中原，只要他們長期在中原生活，總會慢慢融入到當地的生活中，接受儒家文化，最終和當地的人民融爲一體。孝文帝的漢化雖然在短期內失敗了，但是站在大歷史趨勢上看，漢化是順應歷史發展的。孝文帝之後的北朝帝王們，他們雖然有人反對漢化、試圖反過來鮮卑化，但他們的政策都沒能堅持太長的時間。最終，鮮卑等少數民族都接受了漢族文化，本民族文化被逐漸遺忘。隋朝和唐朝的皇帝祖上都是鮮卑族，但已經用漢名、說漢話、穿漢服了。

理科生穿越回古代就是一悲劇——

魏晉南北朝的理科成就

一

我們學過數學都知道，π叫做「圓周率」，指的是圓的周長與直徑的比值，是計算圓的面積與周長必不可少的參數。早年，世界各族人民對π的認識都很粗淺，通常只把π取爲三。

要計算出這個結果很容易：只要製作一個盡可能圓的輪子（可以用類似圓規的辦法，固定一段繩子，把繩子拉直，繞頂點旋轉一周來畫圓），測量輪子在地面上走過一周的長度，再和輪子的半徑（也就是剛才畫圓用的那段繩子）一比，再除以二，就是π的值了。古巴比倫人和古埃及人早在中國夏朝的時候，就已經把π估算到小數點後一位了。

這種用實驗求π的計算方式雖然方便，但很不嚴謹，被戲稱爲數學題中的「暴力計算法」，類似的事很多數學家都做過。據說有一次伽利略想要證明一個由曲線圍成的圖形，面積是另一個圓的三倍，這個問題要準確計算，必須用到微積分，但是伽利略的時代還沒有微積分。結果伽利略的證明方式，是在金屬板上切出題中的曲面圖形和圓形來，然後用秤稱了一下，前者的重量正好是後者的三倍。

其實π的暴力計算法不止一個，再介紹兩個更粗暴的：第一個叫「蒙地卡羅法」。在平面上畫一個圓，再畫一個外切正方形，朝這個圖形扔針（扔別的東西也可以，只要有尖就行），扔的次數越多越好，用針尖落到圓形裡的次數，除以針尖落到正方形裡的次數，再乘以四，這個數字便是π的近似值。第二個叫「布豐投針法」。取盡可能多的等長度的針堆成一堆，在平面上畫上很多間距等於兩倍針長的平行線，把那堆針隨手扔到平行線上，用總針數除以和平行線相交的針數，結果就是π的近似值。（嚴謹地說，平行線應該畫得足夠多，不能把針撒到離平行線太遠的地方去。）

這兩種方法的原理其實很簡單。前者的原理，是題中圓和正方形的面積比正好是$\pi/4$。後者針和平行線相交的概率正好是$1/\pi$。第一題很好計算，第二題稍微用點功夫還是可以求出來的。

暴力計算法雖然巧妙，但只能估算出大概值，並不是準確的數學計算，這是數學家不能容忍的。

用嚴謹的數學方法計算出π才算眞本事。在人類歷史上，有據可查最早用數學方法計算π的人是古希臘的阿基米德，時間上相當於中國的秦朝時期。

中國最早計算π的是製造地動儀的張衡，他把π算爲三點一六二二，相當於把π精確到小數點後一位（從第二位開始他就算錯了，所以後面的位數就不算數了）。

張衡之後，中國還有很多數學家都嘗試計算過π，以《九章算術》的作者劉徽最爲有名，他把π算到小數點後第四位。

我們這一章介紹的祖沖之是南北朝時的南朝人，他更厲害，他把π計算到了小數點後第七位。因爲他的數學著作《綴術》今天已經看不到了，我們只能推測祖沖之計算π的方法是「割圓術」，這是因爲祖沖之之前的劉徽提出了「割圓術」的方法。從常理上推斷，祖沖之當時只有「割圓術」這一個方法可以使用。

祖沖之計算出來的π值遙遙領先於世界其他數學家，他的紀錄直到十五世紀（在中國明朝時期）才被阿拉伯數學家打破。這在中國數學史上是一件非常了不起的事。

但非常遺憾的是，中國傳統重視文科，輕視理科，祖沖之做出如此了不起的成績，卻得不到社會的重視。大約到了元朝以後，祖沖之計算的π值已經被中國人遺忘了。後來的中國人使用的仍舊是張衡時代三點一六二二的粗略值。到了清朝康熙年間，中國人還要向西方傳教士學習圓周率的知識。

二

中國傳統文化向來輕視理科，但也有例外。中國古代重農輕商，認爲農業是國家之本，凡是和農業生產有關的知識，在古代是被重視的。

比如曆法，曆法能夠告訴農民什麼時候播種，什麼時候收割，是農業生產離不開的。再加上曆法又關係到祭祀的日期，所以古代朝廷大都設置專門的機構研究、制訂曆法。前幾章說過的張衡，之所以他的天文學研究能夠得到朝廷的支持，就是因爲天文學研究對制訂曆法有幫助。祖沖之在當時受到重視，也是因爲他制定了曆法《大明曆》（不是明朝的曆法喲）。

接下來要介紹的《齊民要術》更是和農業生產有關係，它是一本小型農業百科全書。「齊民」的意思是「普通百姓」，「要術」的意思是「重要的方法」。《齊民要術》的字面意思是「普通百姓（用來謀生）的重要方法」。

在中國歷史上，《齊民要術》是一部很了不起的書。中國古代的知識分子，向來更重視哲學、藝術、國家政策這些「大話題」，對於生產知識很輕視。在《齊民要術》之前，也有過一些記錄農業生產技術的圖書，但是數量不多，內容也不夠全。《齊民要術》是中國現存最早的農業科學完整著作，內容十分詳盡，涉及到農作物的種植、園藝栽培、牲畜養殖、農產品加工等很多方面的內容，甚至還記錄了外國的動植物。

作者賈思勰作爲地方高官（相當於現在的市長），能夠以百姓民生爲重，花費很大的精力去做這項工作，是很了不起的。《齊民要術》的內容既全面又可靠，是後代農業生產的重要參考書。後來歷朝的農業書籍都要參考《齊民要術》，稱得上是中國農業技術史上的里程碑巨著。

《齊民要術》中記錄了很多先進的農業生產技術，如「輪作法」（在幾塊土地上輪流播種不同的作物）、「綠肥養地」（種植豆類等植物作爲肥料，增加土地的營養）、選種育種等。這表明，在當時種田已經是一項技術含量很高的工作。這種技術含量高、步驟繁多的耕種模式，被稱爲「精耕細作」，這是中國傳統農業的一大特色。

之所以出現精耕細作的農業生產方式，根本原因在於中國長期處在地少人多的環境裡，土地面積是限制經濟發展和人口增長的瓶頸。爲了求生存，古人只好在有限的土地上不斷改進生產技術，增加畝產量，實行精耕細作。

當然，精耕細作的產出還是有極限，到了這個時候人口繼續增長，國家的經濟就走到了崩潰的邊緣。一旦遇到大面積災荒、戰亂、嚴重的貪汙腐化，就會形成大批企圖造反的流民，把國家推向滅亡。這個問題，就不是《齊民要術》可以解決的了。

三

《水經注》其實叫做「《水經》注」，是酈道元爲《水經》這本書寫的注釋。《水經》是一部記錄中國各地河流的古代地理書。《水經注》雖然名義上是注釋，但酈道元所寫的內容比原文更加精彩翔實，記錄的河流數量是原作的十倍，字數是原文的二十多倍，水準遠超原作。

在《水經注》裡，酈道元不光寫河，他還寫河道沿岸的風土人情、神話傳說，好像是沿河而行的遊記，也像是以河爲主題的散文。《水經注》文筆上佳，具有較高的文學價值，被當作南北朝散文的代表作。在描寫三峽時，《水經注》裡有「朝發白帝，暮到江陵，其間千二百里，雖乘奔御風，不以疾也」，「常有高猿長嘯，屬引淒異，空谷傳響，哀轉久絕」兩句。後來唐朝詩人李白的〈早發白帝城〉裡，「朝辭白帝彩雲間，千里江陵一日還。兩岸猿聲啼不住，輕舟已過萬重山」即從此化來。

《水經注》內容翔實，學術價值和文學價值都很高，受到很多學者的重視。從古代到現代，有很多學者研究《水經注》和酈道元，甚至像《紅樓夢》的「紅學」那樣形成了「酈學」，比如大學者胡適，就把晚年最後近二十年的時間都用在了研究《水經注》上。

在中國古代，科學家都是副業，他們的正職大都是官員——假如不當官，他們就沒有足夠的金錢和時間從事科學研究。酈道元和祖沖之、賈思勰一樣，都是職業官員。酈道元因爲當官，還得罪了一個他得罪不起的權貴：汝南王元悅。

這個元悅就是那個推行漢化改革的孝文帝的兒子。元悅這個人品格比較差，還喜歡男風。他特別喜歡一個男寵，甚至讓這個男寵來決斷國家大事，這當然不符合國家法律。當時酈道元正好在紀檢部門工作，負責監察官員。他看不慣元悅所爲，找個機會把這個男寵逮捕，要治男寵的罪。元悅連忙上告太后，要求太后下旨放人。史書上說酈道元做官的風格是「嚴猛」，酈道元聽說太后要下旨，他就趕在太后的聖旨到達之前，搶先一步處死了這名男寵，這自然得罪了元悅。

後來，雍州刺史打算謀反，在元悅的慫恿下，朝廷讓酈道元代表朝廷安撫叛軍。結果酈道元在半路上中了叛軍的埋伏，自己與家人、隨從都被殘酷地殺害了。諷刺的是酈道元最後和隨從在高地上據守，叛軍久攻不下，就使出斷水斷糧之計。酈道元等人挖井十餘丈也找不到水。寫了一輩子河流的酈道元，最後是因爲缺水而兵敗被殺的。

別不信，大畫家畫得還沒你好——

魏晉南北朝的文化藝術

在漢代之前是沒有「書法」這個東西的，原因無他：白紙出現以前，漢字太難寫了。前面我們講過早期的幾種漢字字體：甲骨文（商周時寫在甲骨上的文字）、金文（商周時寫在青銅器上的文字）、大篆（西周統一的文字）、小篆（秦朝統一的文字）。

這些字體裡，最容易寫的是小篆，用毛筆寫在簡牘上就行了。聽起來好像不難，可是大部分的竹簡、木簡只是個不到一公分寬的窄條，小篆的筆劃又多又複雜，像道士畫符似的，你拿一支搖搖晃晃的毛筆在那麼小的空間裡，能把筆劃準確地寫出來就不錯了，根本沒辦法考慮字體美觀不美觀的問題。

金文、甲骨文就更變態了，要麼刻在龜甲骨頭上，要麼鑄在青銅器上，想要寫字就得放開姿態蹲地上在那裡刻。寫字不是一個腦力活，它成了一個體力活。

到了漢代末年情況終於好轉了，因爲紙張變多了。雖然紙張還沒能徹底代替簡牘，但是上層貴族用紙已經不是什麼問題了。

紙張沒有簡牘那樣的空間限制，又光滑平整，價格也沒有絲帛那麼誇張，用來練字不會心疼。因爲紙張比簡牘更容易書寫，紙張普及後毛筆也發生了變化，從堅硬的鹿毛變成了柔軟的兔毛，書寫者能更加自如地控制筆劃粗細。到了這個時候，人們才有能力追求漢字的書法美。

但也不是所有的字體都適合寫書法。

從秦朝一直到清朝的這段時間，中國的政治等級大致可以分成四層：最上面的是統治者，如皇帝、外戚、掌權的宦官等，他們的地位最高；中間的是官員，從最上面的宰相一直到縣令，他們大多由知識分子擔任；最底下的就是普通百姓了。位於百姓和官員之間，還有一種人叫做「吏」，他們是做管理帳目、抄寫文書、徵收賦稅之類瑣碎工作的小官。吏和飽讀詩書的官員不同，他們沒有接受多少教育，也不可能升職變成官，社會地位比較低。

我們說過，秦帝國依靠數量龐大的官員和大量的往來檔案維持管理。這些官員中有很多受教育程度不高的下層官吏和武官，對他們來說，成天用筆劃複雜的小篆在細小的竹簡上寫公文是一件很苦惱的事。這些人越寫越追求省事，下筆越發潦草，筆劃越來越少，慢慢的就出現了小篆的簡化版——隸書⑭。「隸」這個字的本意是「附屬」，用來指人的時候，常指沒有人身自由、地位很卑賤的人，如：「奴隸」。「隸」字在古語中也用作官名，指的是地

⑭ 隸書的雛形在戰國後期就出現了。

位卑賤的下級官吏，如「皀隸」。「隸書」這個詞的本意，可以理解成「地位很低的下級官吏使用的文字」，原本身分很低。

最早的文化人看不起隸書。

這就好比今天有一群國中生，因爲嫌寫普通的漢字太麻煩了，自己私下簡化出了一種全新的寫法，把正常的漢字裡的筆劃去掉了不少，變成了普通人不認識的「火星文」。如果你是一位成年的讀書人，你會怎麼看？你大概會覺得，這些中學生就是一群不學無術、破壞傳統文化的痞子，漢字乃至中華文明就要亡在這群小流氓的手裡了啊！

但是懶惰是人類的本性。人類的懶勁如此之大，不管你大談什麼傳統啊、文化啊、貴族風範啊，你都攔不住人們偷懶。

貴族也是人，也喜歡偷懶省事。眼看著隸書學起來、寫起來都比小篆省事，一兩代貴族能堅持不用隸書，時間一長就堅持不下去了。到了漢朝，皇室權貴們逐漸接受了隸書。慢慢的，小篆在社會上消失了，所有中國人都改寫隸書。這個變化，叫做「隸變」。

「隸變」降低了人們學習和傳播知識的成本，這是文化的進步。漢朝末年的書法家們，就是從寫隸書開始的。

但隸書畢竟是從簡牘時代繼承過來的，還不是紙張時代的原創。書法家們把隸書寫熟練了以後，還要去創造一種適合紙張時代的新字體。

小孩子第一次學寫漢字，總是要從結構最「規矩」的楷書開始學起。因爲對於一個書法知識爲零的人來說，首先應當學會把字寫規矩、橫平豎直寫準確了，才能談得上下一步的學習。人類的書法歷史也是這麼發展的。最早的書法家，他們首先研究的是如何把字寫得更端莊方正，更容易辨認。隸書就很方正，但書法家們還嫌隸書不夠方，又把隸書改得更加「規矩」，這就是我們熟悉的楷書。「楷書」的「楷」，有「楷模」的意思。直到今天，楷書也被當成最標準的漢字字體，是所有漢字的典範。

然而，「規矩」並不屬於藝術。藝術恰恰是「規矩」的反面，追求的是無限的自由。

王羲之就是那個突破楷書「規矩」的限制，帶領書法走向自由境界的人。

王羲之是東晉人，他的家族叫做「琅琊王氏」，是東晉最大的門閥。注意，是最大，沒有之一。東晉的皇帝不是姓「司馬」嗎，可是當時有一句話，叫「王與馬，共天下」，是說王羲之他們家勢力大到能和司馬家平分天下。關於他們家族有個著名的故事，說東晉第一個皇帝在登基大典上，坐在龍椅上招呼他們家族的老大王導說：來來來，咱們倆一塊坐嘛！王導當然不敢坐啦！但可見他們家族的地位。

因爲家族顯赫，王羲之也當了大官，其中一個職位還是武官，叫「右軍將軍」，王羲之也因此被人們稱爲「王右軍」。家族背景爲王羲之帶來了優越的生活條件，讓他有足夠的時間沉浸在藝術創作中，再加上遇到了紙張的普及，王羲之因此成爲中國歷史上有名的大書法家。

王羲之也善於寫楷書，但他藝術成就最高的，是行書和草書。

楷書結構規矩、易於辨認，但是橫平豎直的寫起來太慢。出於實用的需要，人們在寫楷書時會適當加快速度，於是出現了比楷書更潦草一點的行書，以及更加潦草的草書。相比楷書，行書和草書拘束更小，更自由，容易表現出書法家的創造力。

王羲之最有名的作品是〈蘭亭（集）序〉。「蘭亭」是浙江紹興市附近的一處地名，王羲之曾居住在這裡。有一年，王羲之邀請許多文人名家在這裡集會，大家在會上吟詩作賦，這些詩文合成了一個集子，稱爲《蘭亭詩》，〈蘭亭序〉是王羲之爲這個集子作的序。

中國歷代文人都高度讚揚〈蘭亭序〉的書法水準，認爲它是中國歷史上最好的行書作品。唐太宗李世民非常喜歡〈蘭亭序〉，傳說有一次李世民聽說〈蘭亭序〉的眞本在一位僧人的手裡，他派人去要，可是老和尚就是不給。作爲皇帝，硬去搶人家的書法未免太不像話，可是他又非常想要，那該怎麼辦呢？

關鍵時刻，李世民手下的一位大臣挺身而出。這位大臣以私人身分拜訪老和尚，先假裝攀談藝術，故意激老和尚說他沒見過〈蘭亭序〉的眞本，等到老和尚把〈蘭亭序〉的眞本拿出來供大家欣賞時，那位大臣趁和尚一眼沒看住，就把眞本給偷了出來獻給李世民。李世民得了這眞跡，也不覺得丟人，反倒十分高興。也就是說，這是一個「皇帝明搶不好意思，派人去偷就比較好意思」的故事。這段趣事，還被唐代畫家閻立本畫到了名畫〈蕭翼賺蘭亭圖〉裡。

這種傳奇的故事就像其他名人軼事一樣，眞假已經不得而知。不過李世民非常喜歡〈蘭亭序〉是眞的，據說他臨死的時候要求把〈蘭亭序〉的眞本給自己陪葬。直到今天，〈蘭亭序〉的眞本在哪裡還是一個謎。有人說是在武則天的墓裡，有人說眞本早就沒了（李世民的墓在五代的時候已經被盜了）。我們今天見到的〈蘭亭序〉，是唐朝人臨摹出來的，稱爲「摹本」。

摹本就是一些大藝術家，照著眞本的樣子模仿出來的作品。摹本和眞本肯定有差距，但今天看到的〈蘭亭序〉摹本，也足以讓我們感受到王羲之的偉大之處。

這「偉大」是怎麼看出來的呢？

其實，欣賞藝術不是什麼難事，用挑選戀愛對象的方法欣賞藝術就對了。

我們見到一個陌生異性，如何分辨他（她）是否適合成爲伴侶呢？大概有三個步驟：首先，我們先看第一印象怎麼樣，能不能一眼就讓自己心動？如果第一印象很不錯，心動了，那我們肯定會在心裡想像一下，和他（她）在一起相處應該是個什麼感覺呢？一般人到這個步驟就夠了，可以開始去追求異性了。但如果是之前已經談過戀愛的人，因爲他經驗豐富了，所以還會多一個步驟：用過去的戀愛經驗去評價面前這個人。

欣賞書法藝術乃至一切藝術品，也是這三個步驟：最簡單的辦法，是把書法作品拿過來，直覺地去感受。不需要了解書法知識，甚至不認識漢字都沒有關係。好的書法作品能讓人感覺到「舒服」、「得體」。好比看到一幅狂草作品，很可能你在心裡咆哮：這亂七八糟的和鬼畫符有什麼區別？我也能畫！但你要是眞的信手亂塗一張字，拿來和人家的作品一比就能發現，也不知道爲什麼，就是不如人家的作品看著舒服，結構就是沒人家合理。這中間差的，就是藝術家的功力。

更進一步欣賞，要去想像作者的創作過程。對於書法作品，可以去觀察書法家的筆勢。去看每個字的筆劃，順著書寫的方向想像作者是如何運筆的。你可以看出作者在何處用力，何處停筆，隨著筆劃的走勢，你跟著作者把字又寫了一遍，在這過程中可以感受到行雲流水的舒暢感，甚至可以感受到作者當時的情緒。

再進一步地欣賞，就需要具備一定的創作技巧了。這和看體育比賽是同一個道理：外行人看體育比賽，欣賞的是技巧高低、比賽輸贏。那些眞正玩過這項運動的人發現自己想像不到的技巧能被運動員輕而易舉地做出來，會忍不住讚嘆：「哇，他眞是個天才！」這就是俗稱的「外行看熱鬧，內行看門道」。如果你自己練過書法，再欣賞名家的作品時，也會有這種感受，這時你就能體會到天才和凡人的差距在哪裡。

二

再說說顧愷之。

顧愷之也是東晉人，和王羲之生活在同一個時代。和王羲之一樣，顧愷之他們家也是大門閥，顧愷之本人也在朝廷中擔任大官，因此他有很多時間從事藝術創作。顧愷之擅長畫的是仕女畫。「仕」是「學而優則仕」的「仕」，是「做官」的意思。仕女，指的是上層社會的女子。顧愷之最有名的作品是〈女史箴圖〉和〈洛神賦圖〉。

「女史」是古代後宮的一種女官，「箴」是勸告的意思。西晉時，有一位文人寫了一篇叫做〈女史箴〉的文章，用來勸誡後宮女子應當遵守哪些品德，文章中引用了很多古代女子的品德故事。〈女史箴圖〉就是根據這篇文章所畫的圖，每一幅圖都表現了文章中的一個故事。這在今天其實就相當於一本《後宮十大傑出女青年》的宣傳手冊，顧愷之就是替這手冊畫了幾張插圖。我覺得這幅畫的趣味性不如〈洛神賦圖〉，我們還是重點講〈洛神賦圖〉吧！

「洛神」是古代傳說中的女神。據說她是伏羲的女兒，淹死在洛水（即今天的洛河），死後成爲洛水的女神，所以叫「洛神」。「賦」是一種類似於長詩的文體。〈洛神賦〉是三國時期的文學家曹植所寫的一篇文章。

曹植的父親是魏王曹操。曹植這個人，文學程度遠遠高於政治程度，最適合他的生活是遠離政治，躲在角落裡專心去玩文藝。可是曹植卻自不量力地參與了繼承王位的競爭，並且在競爭中失敗，最終是他的哥哥曹丕當上了魏王。

王位競爭這種事，向來是你死我活。曹丕繼位後，曹植的地位一落千丈，連生命都受到了威脅。在這種低落的心情下，曹植有一次路過洛水，他想起了洛神的傳說，有感而發，寫出了千古名篇〈洛神賦〉。

〈洛神賦〉辭藻華麗、感情飽滿，但情節很簡單，大致是這樣的：「我」來到洛水邊，見到了洛神。「我」被洛神超凡脫俗的姿態吸引，洛神也對「我」產生了情愫。可是人神有別，雖然依依不捨，洛神終歸離去，留下了「我」悵然若失。

〈洛神賦〉裡的「洛神」到底指的是誰，人們有不同的說法。有人說指的是曹植的政治理想，寄託了他無法實現理想的苦悶。也有很八卦的說法，說曹植暗戀曹丕的老婆甄氏，「洛神」其實就是甄氏，這等於說，〈洛神賦〉是一篇單相思的情詩。暗戀這個說法沒有什麼歷史根據，但是在古代流傳很廣，因爲古人和我們一樣，也很喜歡傳八卦呀！現在有一些電視劇、電玩遊戲會把「甄氏」稱爲「甄宓」。其實歷史上的甄氏沒有留下名字，是因爲洛神又叫「宓妃」，又因爲這段八卦，人們就將甄氏叫「甄宓」了。

其實，沒有具體說明「洛神」指的是什麼，這才是〈洛神賦〉的魅力所在。因爲沒有所指，〈洛神賦〉才能觸及更本質的主題：人類對美的無限渴求，以及這種渴求終將失望的無奈現實。因此〈洛神賦〉才能超越時間的限制，讓不同時代、不同背景的人都能感受到共鳴。

顧愷之的〈洛神賦圖〉和曹植的〈洛神賦〉一樣有名。〈洛神賦圖〉把〈洛神賦〉中的主要故事情節畫了出來。〈洛神賦圖〉是一幅長卷，長度有五、六公尺，畫完之後捲成一卷保存，欣賞時再一點一點打開瀏覽。因爲這種特性，欣賞長卷不是一眼就能看清全貌，而是有順序的：按照長卷打開的方向，從頭到尾一點點看。〈洛神賦圖〉就按照人們欣賞的順序，把〈洛神賦〉的情節一段一段地畫出來。說白了，這就是一幅古人的連環畫。

打開〈洛神賦圖〉，我們看到它的第一感覺，恐怕並沒有傳說中的那麼好。圖裡的人物確實滿漂亮，但也就是普通漂亮而已，現在很多畫家都能把人物畫成那樣，甚至比他畫得更好，而且除了人物外，〈洛神賦圖〉的其他部分畫得其實很糟糕：畫面不講構圖；人物山水不成比例；甚至山水樹木畫得非常幼稚難看，好像拙劣的兒童畫一般。

假如你也有這樣的想法，不用擔心，你的想法沒有錯。很多歷史上有名的藝術家、有名的畫作，他們的水準不一定能比現代人更強。這個道理很好理解：歷史上那些有名的大科學家，他們的科學知識也比不過今天的普通科學家。

那些大藝術家、科學家，他們之所以被歷史記住，並不是因為他們的成績能超過所有的後人（那樣人類就不會進步了），而是因為他們是某個新時代的開創者，他們在當時有獨一無二的創造，顧愷之就是這樣的人。你不妨在網路上搜一搜漢代的繪畫，那時的人物畫跟簡筆畫似的，只能用簡單的線條大致描繪出人物的外形，基本上不具備美感。顧愷之是中國歷史上第一個能把人物衣服的線條畫得非常自然，把人物畫出形體美，還能準確勾勒出人物表情的畫家。我們現在看著非常普通，在當時卻能震撼藝術界，讓當時的畫家們驚嘆：「人物竟然還能這麼畫！」顧愷之之後的畫家都去模仿他的畫法，因為這個原因，顧愷之才被後人尊為大畫家。

三

藝術不只有繪畫、書法，還有雕塑造像。

佛教在剛創立的時候反對偶像崇拜，不允許信徒建造佛像。但是，歷史上任何宗教要走向大眾，總要有神像一類的東西便於大眾膜拜。佛教發展了一段時間後，逐漸產生了很多鼓勵建造佛像的經文，這些經文稱多造佛像可以爲自己換來極大的福報。在經文的鼓勵下，很多信仰者都願意出錢建造佛像。

造像者當然希望自己建造的佛像能永久保存下去，保存的時間越長，自己的福報想必也就越多。古人能夠想到最堅固的雕像就是石像了。他們找到一片堅硬的山石，在山體上雕刻佛像，雕刻之後的佛像是臥在山體裡，佛像周圍被去掉的那些石頭正好形成一個爲佛像遮風擋雨的佛龕，這些帶有佛像的石洞，就是石窟。有時信徒也會選擇繪畫的形式：開鑿一個石洞，在石壁上繪製佛教繪畫。

因爲石窟的位置大多就近選擇，所以中國古代著名的石窟群，多在當時的佛教重鎮附近。

佛教從印度先傳播到了西域，再從西域傳入中原。中國最早的佛教石窟也沿著這個順序，先出現在西北地方：最早的佛教石窟是位於甘肅省敦煌的莫高石窟，以及甘肅省天水的麥積山石窟，這兩座石窟在五胡十六國時期就開始建造了。

後來到了南北朝時期，石窟造像的風氣向東傳播，在今天的山西省大同市，出現了雲岡石窟，這裡還不算是中原，位置接近當時中國北方的邊境。那時居住在北方的人們不斷南遷（北魏孝文帝遷都就是一例）建造石窟的風氣也隨之南移，於是在河南省洛陽市附近出現了龍門石窟。

要注意的是，這些石窟的建造時間都很長，並不只限於魏晉南北朝時期，比如龍門石窟的建造一直持續到明朝，尤其是在武則天時期，龍門石窟建造了一尊高達十七公尺多的石像，據說是按照武則天的容貌雕刻的。

石像比其他材質更能經得住時間的考驗，因此它們是絕佳的歷史材料。透過這些石窟，我們可以發現一些有趣的規律，比如早期的佛像相貌和服飾都很像印度人，後期的佛像外觀越來越像漢人。這是印度佛教入鄉隨俗，逐漸漢化的表現。就像觀世音菩薩的形象變化一樣：在印度，觀世音菩薩的塑像是一個男性印度人的打扮，嘴上還有小鬍子。隨著佛教在漢地的發展，今天的觀世音菩薩已經變成了中國傳統仕女的樣子了。

在山石上開鑿洞穴、雕刻石像，對於技術落後的古人來說是一項浩大的工程。看著雲岡石窟和龍門石窟那些密密麻麻的石洞，我們能感受到古人對宗教信仰的狂熱：古人虔誠地相信，這世上眞的有神佛，他們能懲惡揚善，解救人間的苦難。爲此，古人不惜奉獻終生的精力和財力。我們不能苛責古人迷信，這些信仰能讓人們在連年混戰的亂世裡留下一點安全感，誰又會拒絕這種信仰呢？

南朝的范縝會。

四

范縝是一位很勇敢的人。

南朝的梁武帝對佛教的虔誠程度，在中國帝王史上能排得上前幾名。中國歷史上有不少帝王信佛通道，但信歸信，他們不會放棄奢華的享樂生活：佛經得念，酒肉也不能耽誤。梁武帝不同，梁武帝晚年非常虔誠。佛教主張清心寡欲，梁武帝就照做不誤：他吃喝粗糙，不看歌舞，不近女色。印度佛教有一條戒律叫「過午不食」，要求信徒過了中午以後就不能再吃飯，梁武帝也照做：過了中午眞不吃飯，就那麼餓著。

甚至梁武帝的做法比印度佛教的要求還嚴格。我們都知道中國的佛教僧人不能吃肉，其實，印度佛教不禁止信徒吃肉，只禁止殺生。如果僧人沒有親眼看到一個動物的宰殺過程、沒有聽到動物的慘叫聲、這個動物也不是爲了給僧人吃而專門宰殺的，這個肉叫做「三淨肉」，早年的印度僧人可以吃這種肉。允許吃肉主要是因爲印度僧人以討飯爲生，不可能要求每家施主都專門準備素齋，吃到肉是免不了的事。

可是梁武帝覺得吃肉這種行爲太不慈悲了，他專門寫了一篇文章，用佛教的理論論證不能吃肉的道理，並且以皇帝的身分強行推行這條規定。在梁武帝之後，中國的僧人就漸漸不吃肉了。

梁武帝更著名的一件事，是他曾經有三次出家，每一次出家都弄得大臣們很頭痛——皇帝不見了，國家大事怎麼辦呀？結果每次都是由大臣出面，籌集了巨額金錢才把梁武帝從廟裡「贖」回來。

「上有所好，下必甚焉」，皇帝帶頭信佛，整個南梁上下對佛教更加狂熱。在這個政權裡，信佛就是中心思想，信佛就是政治正確，誰都不會對佛說個「不」字，否則是自討苦吃。

可是偏偏有個叫范縝的中層官員，來找皇帝的碴了。范縝公開發表文章〈神滅論〉，宣稱世上沒有神。范縝認爲，精神依附於人的身體，人的身體沒有了，精神也就沒有了，世上不存在「靈魂」之類的東西。這是一個「唯物主義」觀點，不僅和當時南梁的主流觀點相悖，也和大部分中國古人的觀點不同。自然，范縝一石激起千層浪，當時的文人們爭相和他辯論。梁武帝本人也參與到其中，他組織了一大批文人反駁范縝，還親自寫了一篇反駁文章。范縝明明知道這樣做會讓自己孤立於社會，毀掉仕途，可是他不低頭，不妥協，堅持自己的觀點。這種把眞理置於個人名利之上的精神，是非常可貴的。

不過要說明的是梁武帝在這場爭論中的表現也不算差。在中國歷史上，文人因言獲罪的例子屢見不鮮，在一些朝代裡，別說和皇帝抬槓了，就算話裡有一點點不尊敬，寫錯一個字，都有可能被滿門抄斬。范縝雖然終生沒有得到重用，但他也沒有受到迫害，還能繼續當官。這種較爲寬容的言論環境是值得稱讚的。

博雅文庫 250

RW0A

哇，歷史原來可以這樣學1——史前到魏晉南北朝

作　　者　林欣浩
發 行 人　楊榮川
總 經 理　楊士清
總 編 輯　楊秀麗
主　　編　蔡宗沂
責任編輯　蔡宗沂
封面設計　王麗娟
出 版 者　五南圖書出版股份有限公司
地　　址　106台北市大安區和平東路二段339號4樓
電　　話　(02)2705-5066
傳　　眞　(02)2706-6100
劃撥帳號　01068953
戶　　名　五南圖書出版股份有限公司
網　　址　https://www.wunan.com.tw
電子郵件　wunan@wunan.com.tw
法律顧問　林勝安律師事務所 林勝安律師
出版日期　2021年7月初版一刷
定　　價　新臺幣380元

本書爲四川少年兒童出版社授權五南圖書出版股份有限公司在臺灣出版發行繁體字版本。

國家圖書館出版品預行編目資料

哇，歷史原來可以這樣學. 1, 史前到魏晉南北朝／林欣浩著. -- 初版. -- 臺北市 : 五南圖書出版股份有限公司, 2021.07
面；　公分
ISBN 978-986-522-759-3（平裝）

1.中國史　2.歷史故事

610.9　　110006979